Ping et Pang

Chinois pour débutants

Catherine Meuwese

ellipses

ISBN 2-7298-0464-1

INTRODUCTION

Rendre accessible une langue comme le chinois ne correspond pas à un tour de force. Il suffit que les méthodes proposées prennent en considération ses caractéristiques et s'y tiennent. C'est un voyage initiatique au cœur de cette langue qui est poursuivi à travers ce manuel, où des passerelles entre faits linguistiques, faits d'écriture et faits de culture sont toujours en relation étroite, non pas par excès de zèle mais pour faciliter l'ancrage des connaissances. Il semble en effet naturel de connaître dans les grandes lignes la pensée de ceux dont on apprend la langue.

Le chinois n'est ni une langue difficile ni une langue compliquée. Elle est différente, parfois complexe car elle repose sur des systèmes d'expression inconnus de nos langues occidentales et qui s'imbriquent les uns les autres. Mais cette complexité même peut parfois faire l'objet d'un jeu.

C'est une des raisons pour lesquelles le titre de ce manuel a été inspiré du nom d'un jeu bien connu de tous, le ping-pong, qui provient du chinois "*pīngpāng* 乒乓". Le but de ce choix est de montrer au débutant que tout ce qu'il apprend renvoie à autre chose et qu'aucune peine n'est perdue dans la poursuite de ses efforts. Ce n'est pas par hasard non plus que les noms des deux principaux personnages de ce manuel comportent ces consonances propres à donner une énergie communicative.

Selon les méthodes et selon les enseignants il y a toujours plusieurs voies d'accès au chinois et il y a même, de la part des apprenants, plusieurs buts poursuivis. Toutes ces démarches ont deux points en commun, l'expression et la compréhension auxquelles on peut ajouter la recherche de l'esthétique pour ceux qui s'intéressent à l'écriture et à la calligraphie. Il fallait donc trouver une méthode qui offre satisfaction à tous en tenant compte également des âges, du temps disponible et de l'appartenance ethnique : combien d'enfants de Chinois d'outre-mer, complètement acquis à la culture française, sont avides de connaître le fonctionnement de la langue qu'ils parlent à la maison, ainsi que sa version officielle, car bien souvent ils ne connaissent qu'un dialecte! Combien d'entre eux aussi s'intéressent à la culture de leurs ancêtres !

Cette méthode essaie donc de répondre à cette attente en tenant un discours simple et en fournissant à l'apprenant des moyens de se repérer. Elle se veut progressive sur le plan grammatical et étoilée sur le plan lexical de manière à ce que le minimum à retenir soit bien mis en évidence. Elle ne renonce pas pour autant aux béquilles comme la transcription phonétique *pinyin* pour éviter les notations fantaisistes des sons ou le mot-à-mot français pour faire appel à l'esprit d'observation de l'apprenant et lui permettre ainsi de dégager les schémas grammaticaux. Les règles de grammaire ne sont destinées qu'à confirmer ces observations, même si elles sont suscitées par l'enseignant.

Sans offrir des parcours diversifiés puisque progressive, cette méthode offre cependant trois trajectoires possibles : celle qui consiste à s'attacher uniquement à l'oral grâce à la transcription en faisant fi de l'écriture et de l'entraînement à celle-ci, celle qui s'attache à la fois à l'oral et à la reconnaissance visuelle des caractères chinois (appelés aussi sinogrammes) et celle qui prend en compte l'oral, la reconnaissance des caractères et leur reproduction écrite. Ces trajectoires peuvent se croiser, être modulées et correspondre à des vitesses différentes d'apprentissage. Le cahier des exercices d'écriture qui accompagne cette méthode et où sont données des explications relatives à la décomposition des caractères se révèle dans les deux derniers cas un outil précieux.

Cette méthode se veut également formative. L'effort poursuivi à travers elle consiste à dégager la logique interne de la langue, pour ne pas dire sa très grande logique puisqu'elle va à l'essentiel, n'ayant à sa disposition qu'un outil grammatical faible. On peut en effet constater que l'ordre d'arrivée des mots dans la phrase repose sur l'ordre d'arrivée des idées dans l'esprit du locuteur et que l'agencement syntaxique compense une morphologie pratiquement absente. On peut aussi tirer des leçons des moyens mis en œuvre pour faire passer le sens à travers des procédés totalement différents des nôtres comme les tons (ou inflexions particulières de la voix) et préserver ainsi la profusion de consonnes ou voyelles. On peut aussi s'interroger sur le génie de cette langue, vieille de plus de quatre mille ans et dont la forme écrite se prête parfaitement au langage informatique[1].

En prenant comme support en très grande majorité des dialogues, ce manuel a pour but de créer des situations où l'apprenant peut plus facilement s'identifier à des personnages et intégrer ainsi les phénomènes langagiers. Quant à l'esprit de la langue où forme et substance sont étroitement liées, il est totalement incarné à travers chaque leçon qui s'ouvre toujours sur une première page écrite uniquement en chinois.

C.M.

[1] Que soit remerciés ici tous ceux qui m'ont apporté leur aide sur le plan informatique ainsi que mes amis chinois qui ont relu attentivement les textes.

TABLE DES MATIERES

Ière Partie : PREMIERS PAS...

Leçon 1 : 你好 *Nǐ hǎo* !, **« Bonjour ! »** 7
Phonétique : Initiales et finales 12
Les quatre tons du chinois 14
Le pictogramme 15
Leçon 2 : 我叫王丽苹 *Wǒ jiào Wáng Lìpíng*, **« Je m'appelle Wang Liping »** 17
L'idéogramme. 22
Leçon 3 : 我是中国人 *Wǒ shì Zhōngguórén*, **« Je suis chinoise »** 25
Les trois unités, graphique, sémantique et phonétique 31
L'aventure du sinogramme 人 *rén*, « homme » 32
Exercices d'appropriation (leçons 1-2-3) 34
Leçon 4 : 他是谁 ? *Tā shì shéi ?*, **« Qui est-il ? »** 36
La notion de mot 42
L'idéopictogramme 43
L'idéophonogramme 44
Leçon 5 : 我星期天休息 *Wǒ xīngqītiān xiūxi*, **« Je me repose le dimanche »** 45
Les huit tracés de base 54
Leçon 6 : 你 生 日 是 不 是 明 天? *Nǐ shēngrì shì bú shì míngtiān?*,
« Ton anniversaire n'est-il pas demain ? »
L'ordre des traits 66
Exercices d'appropriation (leçons 4-5-6) 68
Leçon 7 : 来我家玩儿 ! *Lái wǒ jiā wán'r !*,
« Viens passer un moment à la maison ! » 69
Le « Vide et le Plein » 78
Leçon 8 : 琳 娜 *Línnà*, **« Line »** 85
Révisions (leçons 1 à 8) et exercices
L'aventure du sinogramme : LES CLES 89

IIème Partie : ... VERS L'EXPRESSION.

Leçon 9 : 多 少 钱? *Duōshǎo qián ?*, **« Combien ça coûte? »** 99
Exercices d'appropriation (1ère partie et leçon 9) 114
Leçon 10 : 包饺子 *Bāo jiǎozi* , **« Faire des raviolis »** 115
Leçon 11 : 中 国 啤 酒 *Zhōngguó píjiǔ* , **« La bière chinoise »** 129
Leçon 12 : 在 饭 馆 *Zài fànguǎn*, **« Au restaurant »** 140
Exercices d'appropriation (leçons 10-11-12). 150
Leçon 13 : 新买的房子 *Xīn mǎi de fángzi* , **« La maison nouvellement achetée »** 151
Leçon 14 : 有 人 敲 门 *Yǒu rén qiāo mén*, **« On frappe à la porte »** 165
Leçon 15 : 请客 *Qǐng=kè* , **« Invitation »** 175
Exercices d'appropriation. (leçons 13-14-15) 184
Leçon 16 : 琳 娜 的 一天 *Línnà de yì tiān*, **« Une journée de Line »** 185
Révisions générales et exercices

IIIème partie : CIVILISATION

Fondements de la pensée chinoise
1. La contribution de la préhistoire. Faits et légendes 191
2. Les Cinq Classiques 197
3. Le Confucianisme 203
4. Approche du Taoisme 213

Chronologie des dynasties chinoises 219

Carte de Chine 220

Annexes
- Corrigé des exercices 221
- Index grammatical 233
- Lexique 237
- Source des illustrations 254

PERSONNAGES :

王丽苹 Wáng Lìpíng, professeur de chinois demeurant à Pékin et faisant la rencontre de Monsieur Pang

Monsieur Páng 庞, journaliste eurasien en visite en Chine et faisant la rencontre de Wáng Lìpíng

琳娜 Línnà ou Line, enseignante française habitant Paris et épouse de Monsieur Pang

安娜 Ānnà ou Anne, étudiante française apprenant le chinois à Pékin

小张, Xiǎo Zhāng, serveur

Ping et Pang
第一课
Première leçon

你好！

你好！

怎么样啊？

我很好，谢谢。

你呢？

马马虎虎。

再见。

再见。

第一课 — *Première leçon*

你好

你好！
Nǐ hǎo !
toi - bien / être bien ,
Bonjour !

怎么样啊？
Zěnmeyàng a ?
comment - *interjection*
Comment ça va ?

我很好，谢谢。
Wǒ hěn hǎo , xièxie.
moi - (très) - bien / être bien - merci
Je vais bien, merci.

你呢？
Nǐ ne ?
toi - *particule semi-interrogative*
Et toi ?

马马虎虎。
Mǎmǎhūhu *.
cheval - cheval - tigre - tigre
Comme ci - comme ça.

再见。
Zàijiàn.
de nouveau - voir *(en chinois classique)*
Au revoir.

再见。
Zàijiàn.
de nouveau - voir
Au revoir.

---

* Le ton théorique de 虎 est le 3ème. "Tigre" se dit en fait 老虎 *lǎohǔ*. Sur les tons, cf. p.14.

Vocabulaire

Sinogrammes	Transcription (pinyin)	Français	Catégorie grammaticale
你	*nǐ*	tu, toi	pronom personnel
好	*hǎo*	bien / être bien	verbe adjectival
你 好 !	*nǐ hǎo !*	bonjour !	expression
怎 么 样 ?	*zěnmeyàng ?*	comment ?	mot interrogatif
啊 ! ?	*a ? !*		interjection
我	*wǒ*	je, moi	pronom personnel
很	*hěn*	très	adverbe d'affirmation
谢 谢	*xièxie*	merci	expression
呢	*ne*		particule semi-interrogative
马 马 虎 虎	*mǎmǎhūhu*	comme ci - comme ça	expression
再 见	*zàijiàn*	au revoir	expression

他们好吗?

Liste des pronoms personnels

我	*wǒ*	je / moi
你	*nǐ*	tu / toi
您	*nín*	vous (de politesse)
他	*tā*	il / lui
她	*tā*	elle
我 们	*wǒmen* [1]	nous
你 们	*nǐmen*	vous
他 们	*tāmen*	ils / eux
她 们	*tāmen*	elles

很
HĚN

很 *hěn* est un adverbe d'affirmation qui signifie "très". Mais employé devant un verbe adjectival (cf. ci-dessous), son sens est très atténué. Il n'est, la plupart du temps, même pas traduit.

Les verbes adjectivaux

Les verbes adjectivaux sont tout simplement des adjectifs qui assument la fonction d'un verbe. Ainsi, 好 *hǎo* veut dire "bien / bon" mais aussi "être bien / être bon" et, par voie de conséquence, "aller bien". A la forme affirmative, les verbes adjectivaux peuvent être précédés de l'adverbe 很 *hěn*, "très", dont la valeur lexicale est très atténuée.

Exemple : 他 很 好 。
Tā hěn hǎo.
il - (très) - bien
Il va bien.

---

[1] 们 *men* est le suffixe de la marque du pluriel.

Vocabulaire de substitution

好 *hǎo*	"bien / être bien" peut être remplacé, dans une phrase de structure identique, et si le sens l'autorise, par les verbes adjectivaux suivants	忙	*máng*	occupé / être occupé
		冷	*lěng*	froid / avoir froid / être froid
		热	*rè*	chaud / avoir chaud / être chaud
		坏	*huài*	mauvais / être mauvais méchant / être méchant
		聪 明	*cōngming*	intelligent / être intelligent

Exercice

Remplacez le verbe adjectival 好 *hǎo* dans la phrase suivante :

Il va bien.	他 *Tā*	很 *hěn*	好 。 *hǎo.*
Il est occupé.	他 *Tā*	很 *hěn*	忙 。
Il a froid.	他 *Tā*	很 *hěn*	冷 。
Il a chaud.	他 *Tā*	很 *hěn*	热 。
Il est méchant.	他 *Tā*	很 *hěn*	坏 。
Il est intelligent.	他 *Tā*	很 *hěn*	聪 明 。

Sachez prononcer les sons chinois ...

I . LES INITIALES :

Alphabet phonétique chinois dénommé pinyin	*Alphabet phonétique international*	*Exemples de prononciation*
b (o)*	[p]	**p**as
p (o)	[p‘]	éta**p**e (consonne expirée)
m (o)	[m]	**m**angue
f (o)	[f]	**f**ée
d (e)	[t]	**t**hon
t (e)	[t‘]	si**t**e (consonne expirée)
n (e)	[n]	ba**n**ane
l (e)	[l]	**l**ac
g (e)	[k]	**c**ol
k (e)	[k‘]	la**c** (consonne expirée)
h (e)	[x]	**h**ay en anglais ou tar**j**eta en espagnol (**х** en russe)
j (i)	[tɕ]	Le [j] et le [q] sont des palatales. Elles se prononcent comme un [t] mais en écrasant la langue contre le palais. Le [q] est expiré.
q (i)	[tɕ‘]	
x (i)	[ɕ]	**sc**ier (consonne palatale)
zh (i prononcé de manière minimale)	[tʂ]	**tch**èque (articulation rétroflexe**)
ch (i prononcé de manière minimale)	[tʂ‘]	**tch**èque (articulation rétroflexe) (consonne expirée)
sh (i prononcé de manière minimale)	[ʂ]	**ch**er (articulation rétroflexe)
r (i prononcé de manière minimale)	[ʐ]	**j**et ou **ж** en russe (articulation rétroflexe)
z (i prononcé de manière minimale)	[ts]	**tz**igane
c (i prononcé de manière minimale)	[ts‘]	**tz**igane (consonne expirée)
s (i prononcé de manière minimale)	[s]	**s**a
y (i)	[j]	**y**eux
w (u)	[w]	**w**ho en anglais

* A la lecture, les consonnes prennent appui sur les voyelles mises entre parenthèses.

** L'articulation du son comporte un redressement de la pointe de la langue vers la voûte du palais.

II . LES FINALES :

Alphabet phonétique chinois dénommé pinyin	*Alphabet phonétique international*	*Exemples de prononciation*
a	[a]	t**â**che
o	[ɔ]	c**o**mme
e	[ɤ]	**euh !**
i	[i]	l**i**t
u	[u]	v**ou**s
ü	[y]	di**u**rne
er	[ər]	**eu+l** (langue légèrement enroulée)
ai	[ai]	**aie !**
ei	[ei]	gros**ei**lle
ao	[au]	ch**ao**s, plus exactement comme **now** en anglais
ou	[ou]	**e + ou**, se rapproche de **o**ld en anglais
an	[an]	c**an**e (sans prononcer le 'e' muet)
en	[ən]	**eun** (nasale)
ang	[aŋ]	**an**cien
eng	[ʌŋ]	**eung**, ou comme **sung** en anglais
ong	[uŋ]	d**on**t
ia	[ia]	f**ia**cre
ie	[iɛ]	l**ié**
iao	[iau]	**i + a + o**
iu	[iou]	**i + e + ou**, ou comme **you** en anglais
ian	[iɛn]	m**ien**ne
in	[in]	héro**ïn** e
iang	[iaŋ]	**yan**kee
ing	[iŋ]	poud**ing**
iong	[yŋ]	**i + on**
ua	[ua]	**oua**te
uo	[uɔ]	**ou + o**
uai	[uai]	**ou + aï**
ui	[u^{e}i]	**ou + é + i**
uan	[uan]	m**oi**ne
un	[u^{e}n]	**ou + eun**
uang	[uaŋ]	R**ouen**
ueng	[uəŋ]	**ou + eung**
üe	[yɛ]	**u + é**
üan	[yan]	**u + ann**
ün	[yn]	**un**ion

Les quatre tons du chinois

Le ton est une inflexion particulière de la voix. Il existe quatre tons en langue officielle chinoise. Le sens de la syllabe diffère suivant le ton .

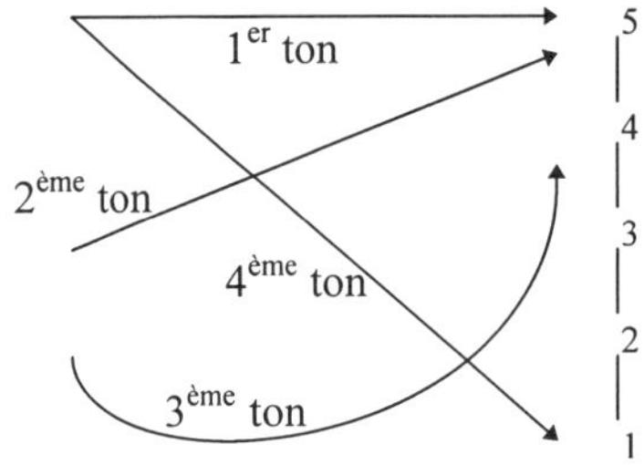

5 hauteur maximale de la voix
4 hauteur moyenne plutôt haute
3 hauteur moyenne
2 hauteur moyenne plutôt basse
1 hauteur minimale de la voix

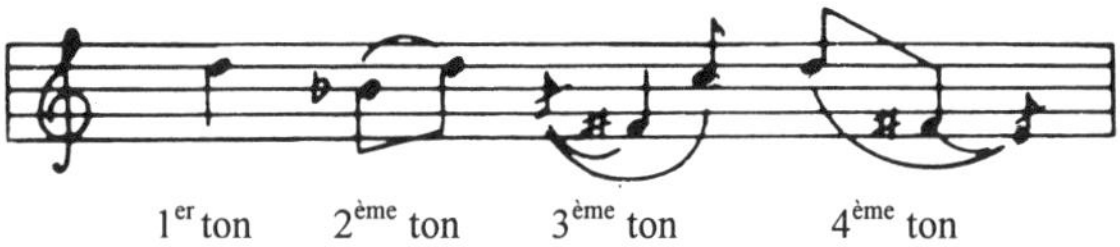

ton	signe de ton	variation de la hauteur musicale de la voix
(1)	ˉ	Le premier ton (5-5) est un ton plat et est réalisé sur le registre haut de la voix sans que celle-ci ne monte ni ne descende. Ex. : *mā* 妈 "maman".
(2)	ˊ	Le deuxième ton (3-5) est un ton montant. Il commence à mi-chemin du registre de la voix. Ex. : *má* 麻 "chanvre".
(3)	ˇ	Le troisième ton (2-1-4) est un ton descendant-remontant. La voix descend de (2) à (1), puis remonte jusqu'à (4). Ex. : *mǎ* 马 "cheval".
(4)	ˋ	Le quatrième ton (5-1) est un ton descendant. La voix descend depuis la note la plus haute (5) jusqu'à la plus basse (1). Ex. : *mà* 骂 "insulter".

<u>Remarque</u> : pour mentionner les tons, on reproduit en petit, au-dessus la syllabe, les graphismes de la deuxième colonne. Ex.: *mā, má, mǎ, mà.*

<u>Remarque</u> : les 1er et 2ème tons sont des tons courts ; les 3ème et 4ème sont longs.

<u>Remarque</u> : Certaines syllabes ne portent pas de ton. Ex. : 们 *men* (marque du pluriel).

<u>Remarque</u> : Certains tons se lisent très légèrement (cf. p. 26 note 1).

Suivant qu'elle est au 1er, 2ème, 3ème ou 4ème ton, la syllabe concernée change de sens. Elle correspond également à un caractère d'écriture différent :

mā	妈	"maman"
má	麻	"chanvre"
mǎ	马	"cheval"
mà	骂	"insulter"

L'aventure du Sinogramme

Le signe d'écriture chinois s'appelle "**sinogramme**" (du latin médiéval *sinoe*, signifiant "de la Chine", et du grec *gramma*, signifiant "lettre, écriture").

Parmi les sinogrammes, bon nombre sont des "**pictogrammes**". Au cours des leçons suivantes, nous verrons également les "**idéogrammes**", les "**idéopictogrammes**" et les "**idéophonogrammes**".

LE PICTOGRAMME

Le pictogramme est une représentation épurée de la réalité. Parfois, il est vrai, le rapport avec la réalité semble lointain. Pour le percevoir, il faut :

- examiner si le sinogramme n'a pas subi une simplification,

- examiner les différentes étapes de son évolution au cours de l'his toire.

Les similitudes du sinogramme étudié avec la réalité se dégagent mieux ainsi.

Ainsi, 馬 qui est le caractère compliqué de 马 *mǎ*, cheval, est lui-même le résultat final des évolutions suivantes :

				馬	馬
représenta-tion d'un cheval	écriture de "cheval" sur os et écailles 17ème-11ème s. av. J.-C.)	écriture de "cheval" gravée sur bronze 15ème s. av. J.-C.	écriture de "cheval" au 3ème s. av. J.-C.	écriture de "cheval" utilisée par les scribes 206 av. J.-C. - 220 ap. J.-C.	écriture régulière à partir du 2ème s. ap. J.-C.

L'écriture simplifiée adoptée récemment s'inspire souvent de l'écriture cursive pratiquée depuis le 2ème siècle avant J.-C. :

écriture cursive	*écriture simplifiée*

Remarques :

1) On constate que, très vite au cours des siècles, la représentation du cheval s'est redressée. Il en est de même de la représentation de beaucoup de formes étirées horizontalement. S'il est vrai que dans la Chine ancienne on gravait sur écaille de tortue, sur omoplate d'animal ou même sur bronze, on gravait aussi sur le support étroit qu'est la lamelle de bambou. Les signes d'écriture se succédaient verticalement l'un après l'autre et ceux qui représentaient des formes plus longues que hautes, comme le cheval, furent redressées.

2) On remarque aussi qu'au cours des siècles et suite à l'utilisation généralisée du pinceau, toutes les formes arrondies ou ovales sont devenues plus carrées ou rectangulaires. Sauf l'écriture récente du nombre "zéro", il n'existe plus aucun arrondi dans l'écriture chinoise.

COMMENT ECRIRE LE MOT "CHEVAL"

forme compliquée :

visualisation : 

Remarque : le sinogramme est toujours contenu dans un carré imaginaire.

décomposition et direction des traits (10 au total) :

forme simplifiée :

visualisation : 

décomposition et direction des traits (3 au total) :

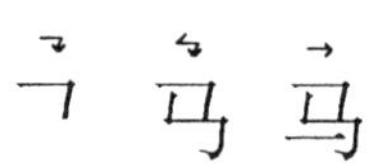

PING ET PANG

第二课

Deuxième leçon

我叫王丽苹

你好！

你姓什么？

我姓庞。

你忙吗？

我很忙。

你叫什么名字？

我叫王丽苹。

第二课 Deuxième leçon

我叫王丽苹

你好！

Nǐ hǎo !

toi - bien / être bien

Bonjour !

你姓什么？

Nǐ xìng shénme ?

toi - s'appeler (du nom de famille) - quoi

Comment t'appelles-tu (de ton nom de famille) ?

我姓庞。

Wǒ xìng Páng.

Moi - s'appeler - Pang

Je m'appelle Pang.

你忙吗？

Nǐ máng ma ?

toi - occupé / être occupé - *particule interrogative*

Es-tu occupé ?

我很忙。

Wǒ hěn máng.

moi - (très) - occupé / être occupé

Je suis occupé.

你叫什么名字？

Nǐ jiào shénme míngzi ?

toi - s'appeler - quel / quoi - nom (nom et prénom)

Comment t'appelles-tu ?

我叫王丽苹。

Wǒ jiào Wáng Lìpíng.

moi - s'appeler - Wang Liping

Je m'appelle Wang Liping.

Vocabulaire

Sinogrammes	Transcription (pinyin)	Français	Catégorie grammaticale
姓	*xìng*	nom de famille / s'appeler (de son nom de famille)	verbe
什么？	*shénme*	quoi / quel	pronom interrogatif, adjectif interrogatif
庞	*Páng*	(grand)	nom de famille
吗？	*ma ?*		particule interrogative
叫	*jiào*	s'appeler, appeler	verbe
名字	*míngzi*	- nom et prénom - prénom	nom
王	*Wáng*	(roi)	nom de famille
丽苹	*Lìpíng*	(joli) + (pomme)	prénom

很 , 吗 et 不
HĚN MA BÙ

很 *hěn*, adverbe d'affirmation, se rencontre dans les **phrases affirmatives**. Il est **incompatible avec la particule finale interrogative** 吗 *ma*.

Exemples : 你 忙 吗 ?
Nǐ máng ma ?
toi - occupé / être occupé - particule interrogative
Es-tu occupé ?

我 很 忙 。
Wǒ hěn máng.
moi - adverbe d'affirmation - occupé / être occupé
Je suis occupé.

Remarque : lorsque deux troisièmes tons se suivent, le premier passe au deuxième ton. Ainsi *Wǒ hěn máng* se lit *'Wó hěn máng'*, même si on ne change rien à la notation graphique du ton.

L'adverbe de négation correspondant est 不 *bù*.

Exemples :		
	我 很 忙 。 *Wǒ hěn máng.* moi - adverbe d'affirmation - occupé / être occupé Je suis occupé.	我 不 忙 。 *Wǒ bù máng.* moi - ne ... pas - occupé/être occupé Je ne suis pas occupé.
	他 很 冷 *Tā hěn lěng* lui - adverbe d'affirmation - froid / avoir froid Il a froid	他 不 冷 *Tā bù lěng* lui - ne...pas - froid / avoir froid Il n'a pas froid
	他 很 坏 *Tā hěn huài* Lui - adverbe d'affirmation - méchant / être méchant Il est méchant	他 不 坏 *Tā bú hùai* Lui - ne...pas - méchant / être méchant Il n'est pas méchant

Remarque : 不 *bù* placé devant une syllabe au quatrième ton passe au deuxième ton.

Vocabulaire de substitution

很 *hěn*	"adverbe d'affirmation", parfois traduit par "très". Peut être remplacé par les adverbes suivants, dans une phrase de structure identique	不 *bù* ne ... pas, adverbe de négation 也 *yě* également, adverbe d'égalité 非常 *fēicháng* extrêmement, adverbe de degré 都 *dōu* totalement, adverbe de totalité (à condition que le sujet soit pluriel)

Exercice

Remplacez l'adverbe d'affirmation 很 *hěn* de la phrase suivante :

Nous sommes occupés.	我们 *Wǒmen*	很 *hěn*	忙。 *máng.*
Nous ne sommes pas occupés.	我们 *Wǒmen*	不	忙。 *máng.*
Nous sommes également occupés.	我们 *Wǒmen*	也	忙。 *máng.*
Nous sommes extrêmement occupés.	我们 *Wǒmen*	非常	忙。 *máng.*
Nous sommes tous occupés.	我们 *Wǒmen*	都	忙。 *máng.*

Remarques :

1) les adverbes peuvent coexister, mais un ordre de priorité s'impose. 也 *yě*, par exemple, précède toujours 都 *dōu*.

Exemple : 我们也都忙。
Wǒmen yě dōu máng.
nous - également - totalement / tous - occupé / être occupé
Nous sommes tous également occupés.

2) selon l'ordre d'arrivée des adverbes dans la phrase, le sens peut changer.

Exemples :

我们不都忙。
Wǒmen bù dōu máng.
Nous - ne ... pas - totalement / tous - occupé / être occupé
Nous ne sommes pas tous occupés.

我们都不忙。
Wǒmen dōu bù máng.
nous - totalement / tous - ne ... pas - occupé / être occupé
Aucun de nous n'est occupé.

L'aventure du Sinogramme

Nous avons vu à la leçon 1 que l'écriture chinoise était composée d'un certain nombre de pictogrammes, c'est-à-dire de signes d'écriture ayant un rapport avec la réalité.
Parmi les signes d'écriture chinois, il existe également les "**idéogrammes**".

L'IDEOGRAMME

L'idéogramme est formé de la coexistence de deux ou plusieurs pictogrammes à l'intérieur d'un carré imaginaire. Il renvoie à une idée.

Ainsi, 好, "bien", étudié à la leçon 1 et dans cette leçon, est formé du pictogramme 女 , "femme", et du pictogramme 子 , "enfant / bébé mâle" (ces pictogrammes ne s'emploient cependant jamais seuls).

En renvoyant à une idée, l'idéogramme 好 reflète de ce fait la pensée chinoise : en effet, il était bien considéré, dans la Chine ancienne, qu'une femme mette au monde un enfant mâle ; une fois adulte, celui-ci pouvait assurer le culte des ancêtres selon la tradition confucéenne (Confucius : 551 av. J.-C. - 479 av. J.-C.) et attirer les bonnes grâces sur la famille (la naissance d'une fillette représentait au contraire peine et énergie dépensées pour rien puisqu'en se mariant, elle quittait définitivement ses parents et honorait les ancêtres de sa belle-famille).

Etude des éléments constituants de 好 :

1. 女 *nǚ*, "femme" * :

				女
représentation d'une femme	écriture de "femme" sur os et écailles 1er millénaire av. J.-C.	écriture de "femme" au 3ème s. av. J.-C.	écriture de "femme" par les scribes 206 av. J.-C. - 220 ap. J.-C.	écriture régulière de "femme" à partir du 2ème s. ap. J.-C.

Remarque :

La femme est représentée dans une attitude de soumission comme le veut la tradition chinoise.

2. 子 *zǐ*, "enfant / bébé mâle" * :

			子
représentation d'un enfant / bébé mâle	écriture de "enfant / bébé mâle" au 1er millénaire av. J.-C.	écriture de "enfant / bébé mâle" au 3ème s. av. J.-C.	écriture régulière de "enfant / bébé mâle" à partir du 2ème s. ap. J.-C.

* 女 *nǚ*, "femme", comme 子 *zǐ*, "enfant, bébé mâle", ne s'emploient jamais seuls. Une femme se dit en chinois moderne 女人 *nǚrén*. Un enfant se dit 孩子 *háizi*.

COMMENT ECRIRE 好 "BIEN"

visualisation :

Remarque : le sinogramme est toujours contenu dans un carré imaginaire.

décomposition et direction des traits (6 au total) :

Remarques :

1) Le pictogramme 女 *nǚ*, "femme", perd, en quelque sorte, l'un de ses bras en raison de son entrée en composition dans 好 *hǎo*, "bien".

2) 好 *hǎo*, "bien", n'a pas été simplifié au cours des siècles.

Exercice :

Dressez la liste des caractères rencontrés contenant l'élément 女.

Ping et Pang

第三课

Troisième leçon

我是中国人

 你好吗？

 我很好，谢谢。

 你是中国人吗？

 我是中国人。你呢？

 我也是中国人。他呢？

他是哪国人？

 他是法国人。

第三课 — *Troisième leçon*

我是中国人

你好吗？
Nǐ hǎo ma ?
toi - bien / être bien - *particule interrogative*
Vas-tu bien ?

我很好，谢谢。
Wǒ hěn hǎo, xièxie.
moi - (très) - bien / être bien - merci
Je vais bien, merci.

你是中国人吗？
Nǐ shì[1] Zhōngguórén ma ?
toi - être - chinois - *particule interrogative*
Es-tu chinoise ?

我是中国人。你呢？
Wǒ shì Zhōngguórén. Nǐ ne ?
moi - être - chinois - toi - *particule semi-interrogative*
Je suis chinoise. Et toi ?

我也是中国人。他呢？
Wǒ yě shì Zhōngguórén. Tā ne ?
moi - également - être - chinois - lui - *particule semi-interrogative*
Je suis également chinois. Et lui ?

他是哪国人？
Tā shì nǎ guó rén ?
lui - être - quel ? - pays - personne
De quel pays est-il ?

他是法国人。
Tā shì Fǎguórén.
lui - être - français
Il est français.

[1] Le verbe "être" est en ptincipe au 4ème ton mais il se lit très légèrement.

Vocabulaire

Sinogrammes	Transcription (pinyin)	Français	Catégorie grammaticale
是	*shì*	être	verbe d'existence
中国人	*Zhōngguórén*	Chinois	nom
哪国	*nǎguó*	quel ? + pays	quel pays ? (expression figée)
法国人	*Fǎguórén*	Français	nom

是
SHÌ

En chinois, le verbe "être", 是 *shì*, ne peut être suivi que d'un nom.

Exemple : 他 是 中 国 人 。
Tā shì Zhōngguórén.
lui - être - chinois
Il est chinois.

Remarque : 中 国 人 *Zhōngguórén*, "Chinois" c'est-à-dire "personne / homme de Chine", est bien considéré comme un groupe de mots nominal en chinois. Placé après le verbe 是 shì, "être", 中国人 *Zhōngguórén* n'est pas de nature adjectivale comme en français.

Sa négation est l'adverbe de négation 不 *bù*.

Exemple : 他 是 中 国 人 。
Tā shì Zhōngguórén.
lui - être - chinois
Il est chinois

他 不 是 中 国 人 。
Tā bú shì Zhōngguórén.
lui - ne ... pas - être - chinois
Il n'est pas chinois.

Rappel : le ton de 不 *bù*, initialement au quatrième ton (*bù*), passe au 2ème ton (*bú*) devant 是 *shì* (même si 是 shi est atone) et devant toutes les autres syllabes au quatrième ton.

哪
NǍ

哪 *nǎ* se rencontre dans l'expression figée 哪国人 *nǎguó rén* lorsqu'on demande à quelqu'un sa nationalité. C'est un adjectif interrogatif qu'on aura l'occasion de rencontrer plus tard. Il est incompatible avec 吗 *ma*. Dans la réponse 哪国 *nǎ guó* permute avec le nom du pays concerné.

Exemple : 他 是 哪国 人 ?
Tā shì nǎguó rén ?
Lui - être - quel ? - pays
De quelle nationalité est-il ?

他 是 日本人
Tā shì rìběnrén
Lui - être - japonais
Il est japonais

Vocabulaire de substitution

中 国 人 *Zhōngguórén*, "Chinois", est formé de 中 国 *Zhōngguó*, signifiant "Chine", et de 人 *rén*, signifiant "personne / être humain".

中 国 *Zhōngguó*	"Chine" peut être remplacé, dans une phrase de structure identique, par les noms de pays suivants	法 国	*Fǎguó*	France
		英 国	*Yīngguó*	Angleterre
		德 国	*Déguó*	Allemagne
		美 国	*Měiguó*	Etats-Unis
		日 本	*Rìbén*	Japon

Exercice

Remplacez le nom de pays 中 国 *Zhōngguó*, "Chine", dans la phrase suivante afin d'obtenir d'autres noms de nationalités :

Sont-ils tous chinois ?	他 们 *Tāmen*	都 *dōu*	是 *shì*	中 国 人 *Zhōngguórén*	吗 ? *ma ?*
Sont-ils tous français ?	他 们 *Tāmen*	都 *dōu*	是 *shì*	法 国 人	吗 ? *ma ?*
Sont-ils tous anglais ?	他 们 *Tāmen*	都 *dōu*	是 *shì*	英 国 人	吗 ? *ma ?*
Sont-ils tous allemands ?	他 们 *Tāmen*	都 *dōu*	是 *shì*	德 国 人	吗 ? *ma ?*
Sont-ils tous américains ?	他 们 *Tāmen*	都 *dōu*	是 *shì*	美 国 人	吗 ? *ma ?*
Sont-ils tous japonais ?	他 们 *Tāmen*	都 *dōu*	是 *shì*	日 本 人	吗 ? *ma ?*

📖 *VOCABULAIRE complémentaire* 📖

Sinogrammes	Transcription (pinyin)	Français	Catégorie grammaticale
西班牙	*Xībānyá*	Espagne	nom
西班牙人	*Xībānyárén*	Espagnol	"
葡萄牙	*Pútaoyá*	Portugal	"
葡萄牙人	*Pútaoyárén*	Portugais	"
意大利	*Yìdàlì*	Italie	"
意大利人	*Yìdàlìrén*	Italien	"
俄罗斯	*Éluósī*	Russie	"
俄罗斯人	*Éluósīrén*	Russe	"
巴黎	*Bālí*	Paris	"
北京	*Běijīng*	Pékin	"
伦敦	*Lúndūn*	Londres	"
柏林	*Bólín*	Berlin	"
东京	*Dōngjīng*	Tokyo	"
马德里	*Mǎdélǐ*	Madrid	"
里斯本	*Lǐsīběn*	Lisbonne	"
罗马	*Luómǎ*	Rome	"
莫斯科	*Mòsīkē*	Moscou	"
欧洲	*Ōuzhōu*	Europe	" [2]
亚洲	*Yàzhōu*	Asie	"
非洲	*Fēizhōu*	Afrique	"
美洲	*Měizhōu*	Amérique	"
大洋洲	*Dàyángzhōu*	Océanie	"

[2] 洲 *zhōu* signifie "continent"

L'aventure du Sinogramme

Les sinogrammes les plus courants sont au nombre de 4.000. En réalité, 40.000 ont été répertoriés à en juger par le dictionnaire de l'Empereur Kangxi, datant du XVIIIème siècle. Il y en aurait cependant 90.000 si l'on compte toutes les variantes. Mais personne ne les connaît tous !

Il est important de noter que tous les sinogrammes correspondent à :

- une unité graphique, c'est-à-dire un ensemble de traits contenus dans un carré imaginaire,

- une unité sémantique, c'est-à-dire un sens,

- une unité phonétique, c'est-à-dire une syllabe.

Certains sinogrammes ont une vie indépendante et constituent des mots à eux seuls. Ils peuvent, par ailleurs, entrer en combinaison dans la formation de mots composés. C'est le cas du pictogramme / sinogramme 人 *ren*, "personne / être humain" :

- seul, il signifie effectivement "personne / être humain" ;

- mais il intervient dans la formation des mots composés comme 中国人 *Zhōngguórén*, "personne de Chine = Chinois (e)" ;

- le pictogramme / sinogramme 女 *nǚ*, "femme", étudié à la leçon 2 n'a pas de vie indépendante ; il faut l'adjoindre à 人 *rén*, "être humain", pour obtenir le mot "femme" : 女人 *nǚrén*, "femme".

人 *rén* peut également devenir élément composant au sein d'un caractère et de ce fait changer de forme pour prendre moins de place.
Exemples : 他们 *tāmen*, "ils" (亻 = 人)

Etude de l'évolution de 人 *rén*, "personne / être humain" :

		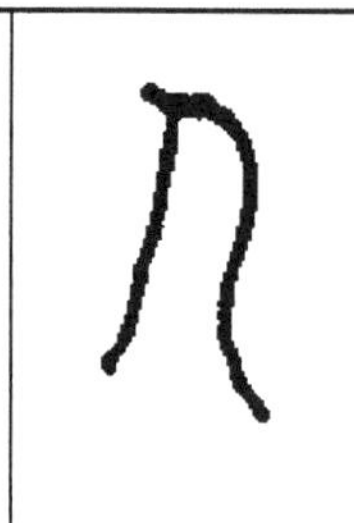	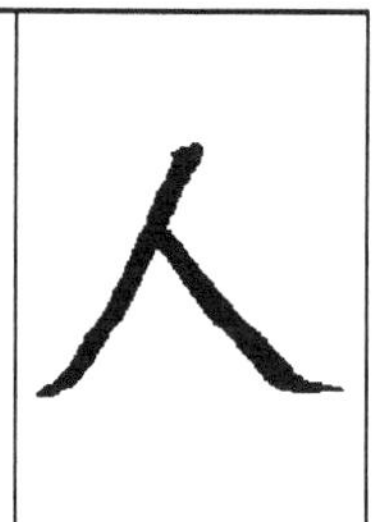
représentation d'un être humain, vu de profil, poussant probablement une charrue	écritures de "être humain" au 1er millénaire av. J.-C.	écriture de "être humain" au 3ème s. av. J.-C.	écriture régulière de "être humain" à partir du 2ème s. av. J.-C.

COMMENT ECRIRE 人 "L'HOMME"

visualisation :

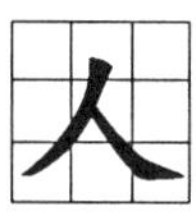

décomposition et direction des traits(2 au total) :

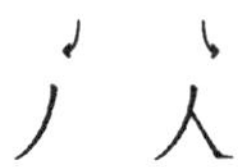

Les sinogrammes dérivés de 人 *rén*, "personne / être humain" :

1) 大 *dà*, "grand", est né de 人 *rén*, "personne / être humain"; on a ajouté à ce dernier la représentation de bras déployés pour donner l'idée de grandeur. C'est un pictogramme indépendant.

2) 天 *tiān*, "ciel", est né de 大, "grand", lui-même né de 人, "personne / être humain". Le trait horizontal du haut représente la tête de l'homme qui se confond avec la voûte céleste car l'être humain est considéré, dans la Chine ancienne, comme l'équivalent du Ciel. C'est un idéogramme indépendant.

3) 夫 *fū*, "dignitaire", est né de 大, "grand", lui-même né de 人, "personne / être humain" ; le trait horizontal du haut représente la barrette que portaient les dignitaires pour retenir leurs cheveux (c'est un idéopictogramme non indépendant - Cf. leçon 4).

4) 头 *tóu*, "tête", est né de 大, "grand", lui-même né de 人, "personne / être humain" ; les deux petits traits de la partie supérieure gauche pointent vers une des parties du corps, c'est-à-dire la tête. C'est un idéopictogramme indépendant.

5) 太, "en trop / trop", se distingue de 大, "grand", en ce sens qu'il a quelque chose en trop. C'est un idéopictogramme indépendant.

6) 夭 *yāo*, "ravi / ravissement", qui n'est plus employé en chinois moderne mais qui entre en composition dans certains caractères, est composé de 大 *dà*, "grand"; le petit trait souple situé en haut du sinogramme représente une mèche de cheveux qui remue parce que le ravissement agite le corps. C'est un idéopictogramme non indépendant.

7) 笑 *xiào*, "rire", est composé de 夭 *yāo*, "ravi / ravissement", et de la représentation de feuilles de bambou ⺮ parce que, lorsque l'on rit, les cheveux remuent comme les feuilles de bambou sous l'action du vent. C'est un idéopictogramme indépendant.

Feuillages de bambou

qui ont inspiré la graphie de l'élément « bambou »

EXERCICES D'APPROPRIATION

Leçons 1-2 et 3

1. Leçons 1 et 2:

Répondez en employant la forme négative et enchainez en employant un antonyme:

a) 你冷吗?
b) 你热吗?
c) 他 坏 吗?

2. Leçon 2

1) Mettez à la suite deux adverbes dans les blancs prévus à cet effet et traduisez les phrases obtenues.

Séquences d'adverbes proposés 也很，也不，都，不都，都非常:

a) 他们 ____ 冷。
b) 他们 ____ 忙。
c) 他 ____ 好。
d) 她 ____ 热。
e) 她们 ____ 聪明。

2) Question-test. Est-ce que 很 peux coexister avec 吗?

3) Traduisez 我不冷也不热。

3. Leçons 2 et 3

Répondez en employant la forme négative et transcrivez vos réponses:

a) 你 是 北 京 人吗?
b) 她 们 都 是 法 国人吗?
c) 她 好 吗?

4. Identifiez les sinogrammes en donnant leur transcription et en donnant le mot dans lequel on les rencontre:

聪，黎，亚，葡，洲，虎，常，班，牙，都

Ping et Pang

第四课

Quatrième leçon

他是谁？

 你作什么工作？

 我是记者。你呢？

 我是老师。

 你的学生多吗？

 我的学生非常多。

 他是谁？他是你的学生吗？

 不，他是我弟弟。

第四课 — Quatrième leçon

他是谁？

你作什么工作？

Nǐ zuò shénme gōngzuò ?

toi - faire - quel - travail

Que fais-tu comme travail (quel est ton métier) ?

我是记者。你呢？

Wǒ shì jìzhě. Nǐ ne ?

moi - être - journaliste - toi - *particule semi-interrogative*

Je suis journaliste. Et toi ?

我是老师。

Wǒ shì lǎoshī.

moi - être - professeur

Je suis professeur.

你的学生多吗？

Nǐ de xuésheng duō ma ?

toi - DE - élève - nombreux - *particule interrogative*

Tes élèves sont-ils nombreux ?

我的学生非常多。

Wǒ de xuésheng fēicháng duō.

moi - DE - élève - extrêmement - nombreux

Mes élèves sont extrêmement nombreux.

他是谁？他是你的学生吗？

Tā shi shéi ? Tā shì nǐ de xuésheng ma ?

lui - être - qui ? - lui - être - toi - DE - élève - *particule interrogative*

Qui est-ce ? Est-il ton élève ?

不，他是我弟弟。

Bù, tā shì wǒ dìdi.

non - lui - être - moi - petit frère

Non, c'est mon petit frère.

Vocabulaire

Sinogrammes	Transcription (pinyin)	Français	Catégorie grammaticale
作	*zuò*	faire	verbe d'action
工作	*gōngzuò*	travail / travailler	nom / verbe d'action
记者	*jìzhě*	journaliste	nom
老师	*lǎoshī*	professeur	nom
学生	*xuésheng*	élève	nom
多	*duō*	nombreux/être nombreux	verbe adjectival
谁？	*shéi ?*	qui ?	pronom interrogatif
弟弟	*dìdi*	petit frère	nom

他是老师吗？

谁？
SHÉI

谁 *shéi* est le pronom interrogatif des noms de personnes. Il est toujours remplacé, à la place qu'il occupe dans la phrase, par un nom de personne dans la réponse.

Exemples :

<u>Questions</u>

他是谁？
Tā shì shéi ?
lui - être - qui ?
Qui est-il ?

ou

谁是老师？
Shéi shì lǎoshī ?
qui ? - être - professeur
Qui est le professeur ?

<u>Réponses</u>

他是老师。
Tā shì lǎoshī.
lui - être - professeur
Il est professeur.

ou :

他是老师。
Tā shì lǎoshī.
lui - être - professeur
Il est le professeur.

<u>Remarques</u> :

- l'ordre des mots de la phrase interrogative est le même que celui de la phrase affirmative correspondante. Il n'y a pas d'inversion de mots comme en français.
- à la différence de 谁 *shéi*, 什么 *shénme*, "quoi / quel ?", est pronom interrogatif mais également adjectif interrogatif.

Exemples :

你姓什么？
Nǐ xìng shénme ?
toi - s'appeler - quoi ?
Comment t'appelles-tu ?

你作什么？
Nǐ zuò shénme ?
toi-faire-quoi ?
Que fais-tu ?

他是什么人？
Tā shì shénme rén ?
lui - être - quel ? -homme
Quel homme est-ce ?

的
DE

的 *de* est une **particule structurale** qui unit un mot secondaire à un mot principal (le mot déterminé au mot déterminant).
Il est employé pour indiquer la relation de possession.

Exemples : 我的老师
Wǒ de lǎoshī
moi - DE - professeur
Mon professeur

他的工作
Tā de gōngzuò
lui - DE - travail
Son travail

Remarque : 的 *de* est facultatif devant les noms de parenté.

Exemple : 我弟弟
Wǒ dìdi
moi - petit frère
mon petit frère

Vocabulaire de substitution

记者 *jìzhě*	"journaliste", peut être remplacé, dans une phrase de structure identique, et si le sens l'autorise, par les noms de fonction ou d'emploi suivants	大学生	*dàxuéshēng*	étudiant (grand-élève)
		中学生	*zhōngxuéshēng*	lycéen (milieu-élève)
		小学生	*xiǎoxuéshēng*	écolier (petit-élève)
		大夫	*dàifu*	médecin
		演员	*yǎnyuán*[1]	acteur
		服务员	*fúwùyuán*	serveur / serveuse
		职员	*zhíyuán*	employé
		飞行员	*fēixíngyuán*	aviateur
		司机	*sījī*	chauffeur
		工人	*gōngrén*	ouvrier
		工程师	*gōngchéngshī*	ingénieur
		农民	*nóngmín*	paysan
		厂长	*chǎngzhǎng*	directeur d'usine

Exercice

Remplacez le mot 老师 *lǎoshī*, "professeur", dans la phrase suivante :

Son petit frère est professeur.	他弟弟 *Tā dìdi*	是 *shì*	老师。 *lǎoshī.*
Son petit frère est médecin.	他弟弟 *Tā dìdi*	是 *shì*	大夫。
Son petit frère est ingénieur.	他弟弟 *Tā dìdi*	是 *shì*	工程师。
Son petit frère est chauffeur.	他弟弟 *Tā dìdi*	是 *shì*	司机。
Son petit frère est écolier.	他弟弟 *Tā dìdi*	是 *shì*	小学生。
Son petit frère est acteur.	他弟弟 *Tā dìdi*	是 *shì*	演员。

[1] De même que 者 *zhě* est le suffixe des noms de métier plutôt intellectuels comme 记者 *jìzhě*, "journaliste", mais aussi 学者 *xuézhě*, "savant" ou 作者 *zuòzhě*, "auteur", 员 *yuán* est le suffixe des noms d'emploi en général.

弟 弟 *dìdi*	"petit frère", est un nom de personne ; dans une structure de phrase identique, et si le sens l'autorise, il peut être remplacé par les noms de parenté suivants

妈 妈	*māma*	maman
爸 爸	*bàba*	papa
哥 哥	*gēge*	grand frère
姐 姐	*jiějie*	grande soeur
妹 妹	*mèimei*	petite soeur
爷 爷	*yéye*	grand père paternel
奶 奶	*nǎinai*	grand mère paternelle
老 爷	*lǎoye*	grand père maternel
姥 姥	*lǎolao*	grand mère maternelle

Exercice

Remplacez le nom de parenté 弟 弟 *dìdi*, "petit frère", et 大 夫 *dàifu*, "médecin", dans la phrase suivante :

Petit frère n'est pas médecin.	弟 弟 *Dìdi*	不 *bú*	是 *shì*	大 夫 。 *dàifu.*
Papa n'est pas ingénieur.	爸 爸	不 *bú*	是 *shì*	工 程 师 。
Maman n'est pas chauffeur.	妈 妈	不 *bú*	是 *shì*	司 机 。
Grand mère paternelle n'est pas actrice.	奶 奶	不 *bú*	是 *shì*	演 员 。
Grand frère n'est pas aviateur.	哥 哥	不 *bú*	是 *shì*	飞 行 员 。

L'aventure du Sinogramme

Le Sinogramme correspond-il à un mot ?

Au cours des leçons précédentes, nous avons étudié les pictogrammes 马 *mǎ*, "cheval", et 人 *rén*, "personne / être humain". Nous avons également étudié l'idéogramme 好 *hǎo*, "bien / être bien", lui-même composé des pictogrammes 女 *nǚ*, "femme", et 子 *zǐ*, "enfant / bébé mâle".

Tous ces signes d'écriture, ou sinogrammes, ont une signification, un sens minimum, mais ne correspondent pas obligatoirement à des mots.

Ainsi 女 *nǚ*, "femme", n'apparaît :

- qu'en composition dans un sinogramme (exemple : 好 *hǎo*, "bien / être bien")
- ou qu'en combinaison avec un autre sinogramme dans un mot polysyllabique (exemple : 女 人 *nǚrén*, "femme").

女 *nǚ*, "femme", employé seul ne suffit pas. Ce sinogramme n'a donc pas de vie propre. Il en est de même pour 子 *zǐ*, " enfant / bébé mâle".

En revanche, 马 *mǎ*, "cheval", et 人 *rén*, "personne / être humain", sont des mots indépendants à part entière même s'ils entrent en composition dans un sinogramme (exemple : 他 *tā*, 亻 "il / lui", étant une forme réduite de 人 *rén*) ou en combinaison dans un mot polysyllabique (exemple : 中 国 人 *Zhōngguórén*, "Chinois").

L'IDEOPICTOGRAMME

Les idéopictogrammes sont relativement peu nombreux. A l'origine, ce sont des pictogrammes dont on met en relief une partie du tout.

Ainsi 夫 *fū*, "dignitaire" (sinogramme non indépendant), que l'on rencontre dans 大夫 *dàifū*, "médecin", a été engendré par le pictogramme 大 *dà*, "grand / être grand", lui-même formé à partir du pictogramme 人 *rén*, "personne / être humain".

En mettant en relief la partie de la tête où la chevelure se trouve retenue par une barrette ou une épingle transversale (représentée ici par le premier trait horizontal), on obtient un idéopictogramme.

头 *tóu*, "tête", étudié ci-dessous, est également un idéopictogramme. La partie mise en relief ici est le haut du corps, c'est-à-dire la tête.

COMMENT ECRIRE 夫 "LE DIGNITAIRE"

visualisation :

décomposition et direction des traits (4 au total) :

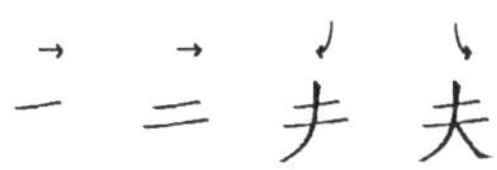

COMMENT ECRIRE 头 "LA TÊTE"

visualisation :

décomposition et direction des traits (5 au total) :

L'IDEOPHONOGRAMME

Les idéophonogrammes sont très nombreux en chinois. Ils sont composés d'un élément sémantique et d'un élément phonétique, cet élément phonétique n'étant autre qu'un sinogramme, vidé de son sens et retenu uniquement pour sa valeur phonétique.

Ainsi 吗 *ma*, particule interrogative, comprend l'élément sémantique de la bouche (口 *kǒu* - n'utilise-t-on pas la bouche pour interroger ?) et le sinogramme 马 *mǎ*, dont seule la prononciation est retenue, la signification de "cheval" étant complètement effacée .

COMMENT ECRIRE 吗

visualisation :

décomposition et direction des traits (6 au total) :

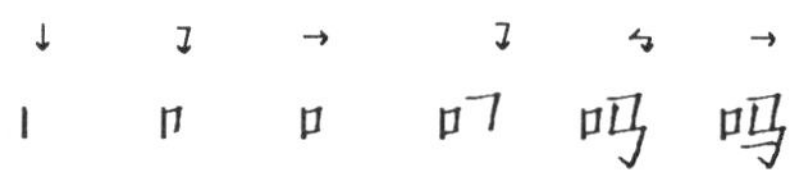

Ping et Pang

第五课

Cinquième leçon

我星期天休息

 今天（是）星期一吗？

 不，今天（是）星期二。

昨天（是）星期一。

 明天（是）星期三，你上课吗？

 上午我上课，下午我不上课。

 那么，你明天下午休息吗？

 不，我有会。星期天我休息。

第五课 — Cinquième leçon

我星期天休息

今天（是）星期一吗？
Jīntiān (shì) xīngqīyī ma ?
aujourd'hui - (être) - lundi - *particule interrogative*
Est-ce lundi aujourd'hui ?

不，今天（是）星期二。
Bù, jīntiān (shì) xīngqī'èr.
non - aujourd'hui - (être) - mardi
Non. Aujourd'hui, on est mardi.

昨天（是）星期一。
Zuótiān (shì) xīngqīyī.
hier - (être) - lundi
Hier, c'était lundi.

明天（是）星期三，你上课吗？
Míngtiān (shì) xīngqīsān, nǐ shàng=kè ma ?
demain - (être) - mercredi , toi - avoir cours - *particule interrogative*
Demain, on sera mercredi ; as-tu cours ?

上午我上课，下午我不上课。
Shàngwǔ wǒ shàng=kè, xiàwǔ wǒ bú shàng=kè.
matin - moi - avoir cours , après-midi - moi - ne ... pas - avoir cours
J'ai cours le matin, mais pas l'après-midi.

那么，你明天下午休息吗？
Nàme, nǐ míngtiān xiàwǔ xiūxi ma ?
ainsi , toi - demain - après-midi - se reposer - *particule interrogative*
Ainsi te reposes-tu demain après-midi ?

不，我有会。星期天我休息。
Bù, wǒ yǒu huì. Xīngqītiān wǒ xiūxi.
non , moi - avoir - réunion - dimanche - moi - se reposer
Non, j'ai une réunion. Je me repose le dimanche.

Vocabulaire

Sinogrammes	Transcription (pinyin)	Français	Catégorie grammaticale
今天	*jīntiān*	aujourd'hui	nom de temps
星期一	*xīngqīyī*	lundi	"
星期二	*xīngqī'èr*	mardi	"
星期三	*xīngqīsān*	mercredi	"
明天	*míngtiān*	demain	"
上课	*shàng=kè*	aller en cours / avoir cours	verbe - objet
课	*kè*	cours / leçon	nom
上午	*shàngwǔ*	matin	nom de temps
下午	*xiàwǔ*	après-midi	"
那么	*nàme*	ainsi	locution
休息	*xiūxi*	se reposer	verbe d'action
有	*yǒu*	avoir	verbe d'existence
会	*huì*	réunion	nom
星期天	*xīngqītiān*	dimanche	nom de temps

Le nom de temps

Le nom de temps, employé comme complément circonstanciel de l'action verbale, **se situe toujours avant le verbe**, avant ou après le sujet.

Exemple : 我 明 天 休 息 。 ou 明 天 我 休 息 。

Wǒ míngtiān xiūxi. — *Míngtiān wǒ xiūxi.*

moi - demain - se reposer — demain - moi - se reposer

Je me repose demain — Je me repose demain.

Le verbe objet

En chinois, certains verbes nécessitent la présence d'un complément d'objet. C'est le cas de 上 *shàng*, que nous avons vu dans la leçon avec le sens de "aller" et qui est toujours suivi, quoi qu'il arrive, d'un complément d'objet. Le mot retenu dans la leçon est 课 *kè*, "cours". C'est également le cas de 吃 *chī*, "manger". A défaut de complément d'objet, on utilise 饭 *fàn*, "nourriture / riz", mais s'il y a réellement un complément d'objet, 饭 *fàn* disparaît pour laisser la place à celui-ci. Ainsi "manger du poisson" se dit 吃 鱼 *chī yú* .

是
SHÌ obligatoire ?

是 *shì*, "être" n'est pas obligatoirement employé lorsqu'on renseigne sur une date ou lorsqu'il précède un nom de temps.

Exemple : 今 天 星 期 三 。

Jīntiān xīngqīsān.

aujourd'hui - mercredi

C'est mercredi aujourd'hui.

有
YǑU

有 *yǒu* est un verbe d'existence qui signifie "avoir". A la forme négative, il est précédé de l'adverbe 没 *méi* et non de 不 *bù*.

Exemple : 今 天 我 没 有 会 。

Jīntiān wǒ méi yǒu huì.

aujourd'hui - moi - *négation* - avoir - réunion

Aujourd'hui, je n'ai pas de réunion.

Vocabulaire de substitution

Remarque : 星期一 *xīngqīyī* est formé de 星期 *xīngqī*, "semaine", et 一 *yī*, "un". Il signifie "lundi". En apprenant les jours de la semaine de "lundi" à "samedi", vous apprendrez à compter jusqu'à 6 !

星期一 *xīngqīyī* — peut être remplacé par les noms de temps suivants

星期二	*xīngqī'èr*	mardi
星期三	*xīngqīsān*	mercredi
星期四	*xīngqīsì*	jeudi
星期五	*xīngqīwǔ*	vendredi
星期六	*xīngqīliù*	samedi
星期天	*xīngqītiān*	dimanche
星期日	*xīngqīrì*	dimanche

今天 *jīntiān* — peut être remplacé par les noms de temps suivants

明天	*míngtiān*	demain
昨天	*zuótiān*	hier
后天	*hòutiān*	après-demain
前天	*qiántiān*	avant-hier

上午 *shàngwǔ* — peut être remplacé par les noms de temps suivants

早上	*zǎoshang*	matin (tôt)
中午	*zhōngwǔ*	midi
下午	*xiàwǔ*	après-midi
晚上	*wǎnshang*	soir
夜里	*yèli*	nuit

Remarque : comme en français, il est possible d'additionner plusieurs compléments de temps ; par exemple : "demain mercredi après-midi" se traduira par 明天星期三下午 *míngtiān xīngqīsān xiàwǔ*. Notez que les chinois s'expriment en partant du général pour aller vers le particulier.

Exercice

Remplacez les différents noms de temps dans les phrase suivante :

Il a cours demain matin, mercredi.	他 *Tā*	明天星期三上午 *míngtiān xīngqīsān shàngwǔ*	上课。 *shàng=kè.*
J'ai eu une réunion hier après-midi dimanche.	我 *Wǒ*	昨天星期天下午	有会。 *yoǔ huì.*
Je mange du poisson ce soir.	我 *Wǒ*	今天晚上	吃鱼。 *chī yú.*
Je me repose la nuit.	我 *Wǒ*	夜里	休息。 *xiūxi.*
Je ne me repose pas le dimanche matin.	我 *Wǒ*	星期天上午	不休息。 *bù xiūxi.*
Elle ne mange pas le jeudi à midi.	她 *Tā*	星期四中午	不吃饭。 *bù chī=fàn.*

他们是好学生吗？

🕮 *VOCABULAIRE complémentaire* 🕮

Sinogrammes	Transcription (pinyin)	Français	Catégorie grammaticale
零	*líng*	zéro	nom de nombre
一	*yī* [1]	un	"
二	*èr*	deux	"
两	*liǎng* [2]	deux	"
三	*sān*	trois	"
四	*sì*	quatre	"
五	*wǔ*	cinq	"
六	*liù*	six	"
七	*qī*	sept	"
八	*bā*	huit	"
九	*jiǔ*	neuf	"
十	*shí*	dix	"
十一	*shíyī*	onze	"
十二	*shí'èr*	douze	"
十三	*shísān*	treize	"
十四	*shísì*	quatorze	"
十五	*shíwǔ*	quinze	"
十六	*shíliù*	seize	"
十七	*shíqī*	dix-sept	"
十八	*shíbā*	dix-huit	"
十九	*shíjiǔ*	dix-neuf	"

[1] Le ton de 一 *yī* est bien un premier ton lorsqu'on énumère : 一 *yī*, 二 *èr*, 三 *sān* . Il est également au premier ton en fin de nombre : 十 一 *shíyī*, "onze" . Le reste du temps, il est généralement au quatrième ton, à moins que, placé devant un quatrième ton, il ne passe au second.

[2] 二 *èr* s'emploie lorsqu'on énumère : 一 *yī*, 二 *èr*, 三 *sān*, etc ; ex. : 二 零 零 零 年, "l'An 2.000". 两 *liǎng* s'emploie lorsqu'on additionne; ex. : 两 天 *liǎng tiān*, "deux jours".

Pour convertir un nombre ordinal en nombre cardinal, il suffit d'ajouter le préfixe 第 *dì*, par exemple : 第 一 课 *dì yí kè*, "première leçon".

Les Chinois ont des unités d'ordre différentes des nôtres. Par exemple "un million" n'existe pas et se dit "cent (fois) dix mille", c'est-à-dire 一 百 万 *yìbǎiwàn*. Avant d'apprendre à compter, familiarisez-vous avec celles-ci : 十 *shí*, "dix"; 百 *bǎi* ou 一百 *yìbǎi*, "cent"; 千 *qiān* ou 一 千 *yìqiān*, "mille"; 万 *wàn* ou 一万 *yíwàn*, "dix mille"; 亿 *yì* ou 一 亿 *yíyì*, "cent millions".

Sinogrammes	Transcription (pinyin)	Français	Catégorie grammaticale
二 十	*èrshí*	vingt	nom de nombre
二 十 一	*èrshíyī*	vingt-et-un	"
二 十 二	*èrshí'èr*	vingt-deux	"
二 十 九	*èrshíjiǔ*	vingt-neuf	"
三 十	*sānshí*	trente	"
四 十	*sìshí*	quarante	"
五 十	*wǔshí*	cinquante	"
六 十	*liùshí*	soixante	"
七 十	*qīshí*	soixante-dix	"
八 十	*bāshí*	quatre-vingts	"
九 十	*jiǔshí*	quatre-vingt-dix	"
九 十 九	*jiǔshíjiǔ*	quatre-vingt-dix-neuf	"
一 百	*yìbǎi*	cent	"
一 百 零 一	*yìbǎilíngyī*	cent un	"
一 百 一 十 一	*yìbǎiyīshíyī*	cent onze	"
一 百 九 十 九	*yìbǎijiǔshíjiǔ*	cent quatre-vingt-dix-neuf	"
二 百 ou 两 百	*èrbǎi* ou *liǎngbǎi*	deux cents	"
三 百	*sānbǎi*	trois cents	"
九 百 九 十 九	*jiǔbǎijiǔshíjiǔ*	neuf cent quatre-vingt-dix-neuf	"

Sinogrammes	Transcription (pinyin)	Français	Catégorie grammaticale
一千	*yìqiān*	mille	nom de nombre
一千零一	*yìqiānlíngyì* [3]	mille un	"
一千零一十	*yìqiānlíngyìshí*	mille dix	"
一千一百一十一	*yìqiānyìbǎiyīshíyī*	mille cent onze	"
一千二百零三	*yìqiānèrbǎilíngsān*	mille deux cent trois	"
二千 ou 两千	*èrqiān* ou *liǎngqiān*	deux mille	"
三千	*sānqiān*	trois mille	"
九千九百九十九	*jiǔqiānjiǔbǎijiǔshí-jiǔ*	neuf mille neuf cent quatre-vingt-dix-neuf	"
一万	*yíwàn* [4]	dix mille	"
一万零一百	*yíwànlíngyìbǎi*	dix mille cent	"
一百万	*yìbǎiwàn*	un million	"
一百十万零一	*yìbǎishíwànlíngyī*	1.030.001	"
一亿	*yíyì*	cent million	"
十四亿五千万	*shísìyìwǔqiānwàn*	1.450.000.000	"

Manière gestuelle de compter en chinois :

---

[3] L'interruption des unités d'ordre (dizaines, centaines, milliers, etc) est indiquée à l'aide de 零 *líng*. Un seul 零 *líng* suffit pour marquer deux interruptions d'unités d'ordre ; ex. : 1001 se dira 一千零一 *yìqiānlíngyī*.

[4] Rappel : devant un quatrième ton, le ton de 一 *yī* passe au deuxième ton *yí* .

L'aventure du Sinogramme

Le nombre de traits pouvant entrer en écriture pour les sinogrammes est limité. On en compte huit fondamentaux. Depuis la dynastie Tang (VIIème - Xème siècles), le sinogramme cité en exemple pour posséder à lui seul ces huit traits est 永 yǒng (Cf. page suivante), qui signifie "éternel / éternité". En dehors de ses qualités pédagogiques et calligraphiques, il est considéré comme le plus harmonieux et le plus équilibré des sinogrammes. Il possède une juste répartition entre les espaces vides et les espaces pleins (principe essentiel de la peinture chinoise et du "阴 *yīn* / 阳 *yáng*") . Il semble doué de vie, de force et de vigueur. En regardant ce caractère, on comprend pourquoi le célèbre critique d'art Lin Yutang (XXème siècle) disait que l'écriture chinoise était une "danse sur le papier".

Les huit tracés de base (dynastie Táng)

A partir des huit traits fondamentaux, les spécialistes de calligraphie ont établi des extensions. Certains considèrent qu'il y a 11 traits fondamentaux, d'autres 24. D'autres parlent encore de 30 traits, mais ces derniers estiment qu'il y a plusieurs manières d'écrire le point. En fait, ces variantes ne sont possibles que lorsqu'on écrit au pinceau.

Calligraphie de Guo Jiezhu 郭洁珠.

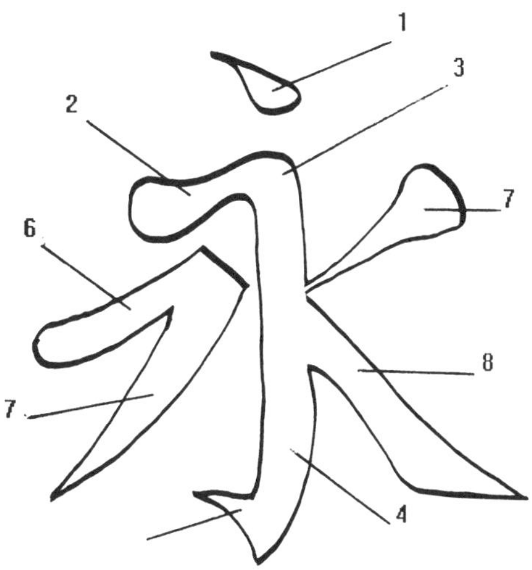

1. le point •

2. le trait horizontal →

3. le tracé d'angle

4. le tracé vertical ↓

5. le crochet

6. le trait montant vers la droite ↗

7. la trait descendant vers la gauche ↙

8. le trait descendant vers la droite ↘

Peinture de Li Xiaohong - 李 晓 红.

N.B. : le sinogramme 永 yǒng "éternel / éternité" est lui-même dérivé du sinogramme 水 shuǐ "eau" ; il y a, en effet, un rapport à établir entre l'éternité et la faculté qu'a l'eau à couler, à s'évaporer et à revenir indéfiniment

COMMENT ECRIRE 永 "ETERNEL / ETERNITE"

visualisation : 

décomposition et direction des traits (5 au total) : 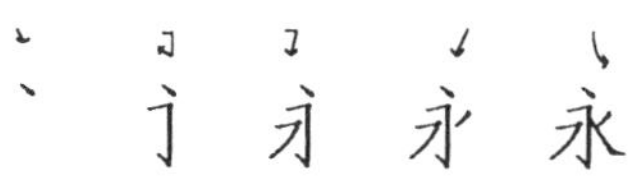

Les TRAITS FONDAMENTAUX des SINOGRAMMES

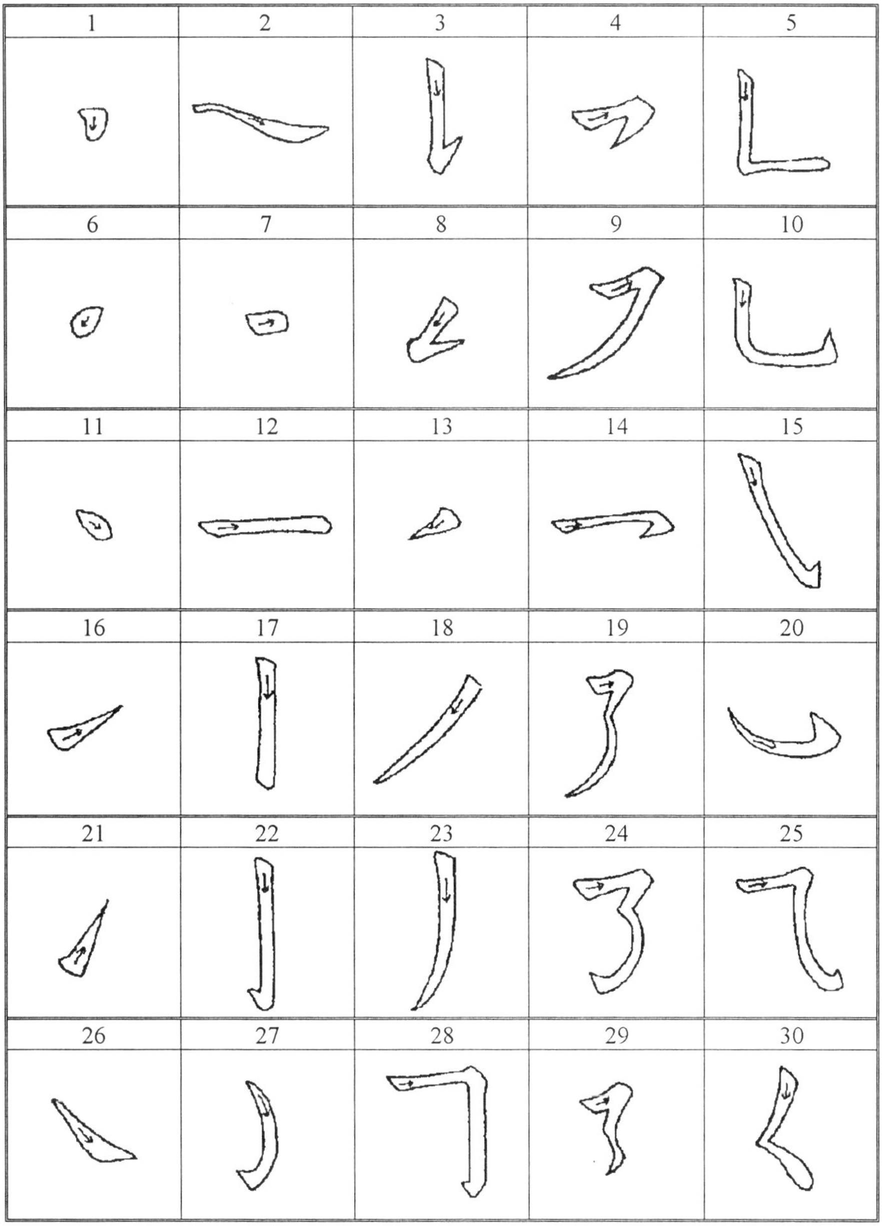

COMMENT ECRIRE 休息 *xiūxi*, "SE REPOSER"

Il en est des mots chinois comme des charades, particulièrement ceux qui sont polysyllabiques et qui sont composés d'idéogrammes. Les idées s'additionnent les unes aux autres pour former une idée nouvelle et parfois surprenante pour notre esprit occidental.

Ainsi, à propos de 休息 *xiūxi*, "se reposer", nous pourrions établir la charade suivante :

- mon premier (c'est-à-dire le premier des deux sinogrammes) est un homme se tenant près d'un arbre ; cela donnerait : 休 ()
- mon second met en relation la respiration (le nez) et le rythme cardiaque (le coeur) ; cela donnerait : 息 ()
- mon tout est ce à quoi tout le monde aspire après avoir bien peiné sur l'écriture de 休 息 *xiūxi*, "se reposer" !

visualisation :

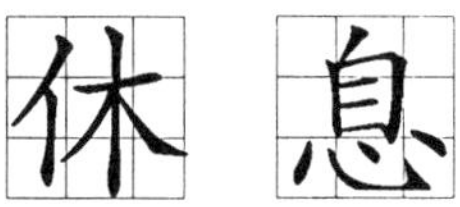

décomposition et direction des traits de *xiū* (6 au total) :

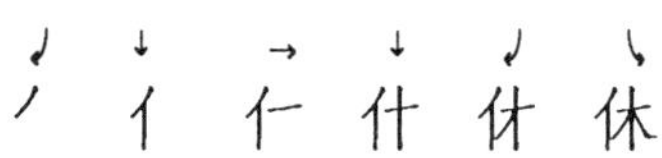

décomposition et direction des traits de *xī* (10 au total) :

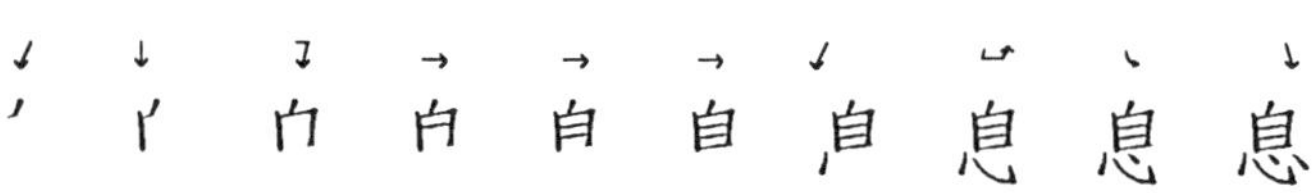

Ping et Pang

第六课

Sixième leçon

你生日是不是明天？

 今天（是）几月几号？

 今天（是）二月二号。

 你生日是不是明天？

 对，我生日是二月三号。

 那么，今年你二十五岁吗？

 不，我二零零五年二十五岁。

 祝你生日快乐！

第六课 — Sixième leçon

你生日是不是明天？

今天（是）几月几号？

Jīntiān (shì) jǐ yuè jǐ hào ?

aujourd'hui - (être) - combien - mois - combien - jour (dans le mois)

Quel jour sommes-nous aujourd'hui ?

今天（是）二月二号。

Jīntiān (shì) èryuè èr hào.

aujourd'hui - (être) - février - deux

Aujourd'hui, on est le 2 Février.

你生日是不是明天？

Nǐ shēngrì shì bú shì míngtiān ?

toi - anniversaire - être - *négation* - être - demain

N'est-ce pas ton anniversaire demain ?

对，我生日是二月三号。

Duì, wǒ shēngrì shì èryuè sān hào.

Exact / oui - moi - anniversaire - être - février - trois

Oui, mon anniversaire est le 3 Février.

那么，今年你二十五岁吗？

Nàme, jīnnián nǐ èrshíwǔ suì ma ?

ainsi - cette année - toi - vingt-cinq - année d'âge - particule interrogative

Ainsi, tu as 25 ans cette année ?

不，我二零零五年二十五岁。

Bù, wó èrlínglíngwǔ nián èrshíwǔ suì.

non - moi - 2005 - année - 25 - ans

Non, j'aurai 25 ans en 2005.

祝你生日快乐！

Zhù nǐ shēngrì kuàilè !

souhaiter - toi - anniversaire - heureux

Je te souhaite un bon anniversaire.

Vocabulaire

Sinogrammes	Transcription (pinyin)	Français	Catégorie grammaticale
几	*jǐ*	combien ?	interrogatif des noms de nombre
月	*yuè*	mois	nom de temps
号	*hào*	numéro du jour dans le mois	nom
二 月	*èryuè*	Février	nom de temps
生 日	*shēngrì*	anniversaire	nom
对	*duì*	exact (oui), avoir raison	verbe adjectival
今 年	*jīnnián*	cette année	nom de temps
年	*nián*	année	"
岁	*suì*	année d'âge	nom
祝	*zhù*	souhaiter	verbe d'action
快 乐	*kuàilè*	heureux	verbe adjectival

他 几 岁 ?

几
JǏ

几 *jǐ* est l'interrogatif des noms de nombre en principe inférieurs à 10.

Exemple :

Question 几天？
Jǐ tiān ?
Combien de jours ?

Réponse 七天。
Qī tiān.
Sept jours.

On l'utilise plus particulièrement pour demander le nom du mois, du jour dans le mois ou du jour de la semaine.

Exemple :

Question 今天（是）几月几号星期几？
Jīntiān (shì) jǐyuè jǐhào xīngqījǐ ?
aujourd'hui - (être) - combien - mois - combien - jour du mois - semaine - combien
Quel jour sommes-nous aujourd'hui ?

Réponse 今天（是）三月三号星期三。
Jīntiān (shì) sānyuè sān hào xīngqīsān.
aujourd'hui - (être) - mars - trois - mercredi
Aujourd'hui, nous sommes le mercredi 3 Mars

Remarque : les phrases interrogatives ne comportent pas d'inversion de mots par rapport aux phrases affirmatives correspondantes.

*
* *

几 *jǐ* peut s'employer pour demander l'âge à un enfant ou à une personne intime.

Exemple : 小学生几岁？
Xiǎoxuésheng jǐ suì ?
écolier - combien ? - année
Quel âge a l'écolier ?

De même, 几 *jǐ* peut s'employer après les unités d'ordre (10, 20, 30, ...) lorsque la personne qui pose la question a déjà une idée sur la tranche d'âge de son interlocuteur, ou tout simplement sur ce qu'on va lui répondre.

Exemple : 大学生二十几岁？
Dàxuésheng èrshí jǐ suì ?
étudiant - vingt - combien ? - année
L'étudiant a vingt et combien d'années ?

La forme alterno-interrogative

Il y a trois manières de poser une question en chinois :

1°) au moyen de la particule interrogative 吗 *ma ?*.

Exemple : 你 是 中 国 人 吗？
Nǐ shì Zhōngguórén ma ?
toi - être - Chinois - *particule interrogative*
Es-tu Chinois ?

2°) au moyen d'un pronom ou d'un adjectif interrogatifs.

Exemples : 他 姓 什 么？
Tā xìng shénme ?
elle - s'appeler (de nom de famille) - quoi ?
Comment s'appelle-t-elle ?

他 是 什 么 人？
Tā shì shénme rén ?
lui - être - quel ? - homme
Quelle sorte d'homme est-ce ?

他 是 谁？
Tā shì shéi ?
lui - être - qui ?
Qui est-ce ?

3°) au moyen de la forme alterno-interrogative; il suffit de faire suivre un verbe à la forme affirmative du même verbe à la forme négative.

Exemples : 你 是 不 是 中 国 人？
Nǐ shì bú shì Zhōngguórén ?
toi - être - ne ... pas - être - Chinois
N'es-tu pas Chinois ?

你 明 天 休 息 不 休 息？
Nǐ míngtiān xiūxi bù xiūxi ?
toi - demain - se reposer - ne ... pas - se reposer
Te reposes-tu demain ?

你 有 没 有 学 生？
Nǐ yǒu méi yǒu xuésheng ?
toi - avoir - ne ... pas - élèves
As-tu des élèves ?

岁 ≠ 年
SUÌ NIÁN

Il convient de distinguer 年 *nián*, l'année du calendrier, de 岁 *suì*, l'année d'âge.

Exemples : 他今年五岁。
Tā jīnnián wǔ suì.
lui - cette année - cinq - ans
Il a cinq ans cette année.

今年二零零零年。
Jīnnián èrlínglínglíng nián.
cette année - 2000 - année
Nous sommes en 2000 cette année.

祝
ZHÙ

祝 *zhù* signifie "souhaiter" et n'est généralement pas précédé d'un pronom personnel. Les formules de vœux qui suivent 祝 *zhù* sont faites généralement de deux parties : la première qui assure la fonction grammaticale de sujet représente ce qui fait l'objet d'un souhait et la deuxième qui est constituée généralement d'un verbe adjectival décrit la nature du souhait.

Autes formules de vœux :

圣诞节快乐	*Shèngdànjié kuàilè*	Joyeux Noël
新年好	*Xīnnián hǎo*	Bonne Année
身体好	*Shēntǐ hǎo*	Bonne santé
工作顺利	*Gōngzuò shùnlì*	Un travail sans problème

Vocabulaire de substitution

二 月 *èryuè*	"Février" , dans une phrase de structure identique, peut être remplacé par les noms de temps suivants :	一 月	*yīyuè*	Janvier
		三 月	*sānyuè*	Mars
		四 月	*sìyuè*	Avril
		五 月	*wǔyuè*	Mai
		六 月	*liùyuè*	Juin
		七 月	*qīyuè*	Juillet
		八 月	*bāyuè*	Août
		九 月	*jiǔyuè*	Septembre
		十 月	*shíyuè*	Octobre
		十 一 月	*shíyīyuè*	Novembre
		十 二 月	*shí'èryuè*	Décembre

今 年 *jīnnián*	"cette année", dans une structure de phrase identique, peut être remplacé par les noms de temps suivants :	去 年	*qùnián*	l'année dernière
		前 年	*qiánnián*	il y a deux ans
		明 年	*míngnián*	l'année prochaine
		后 年	*hòunián*	dans deux ans
		二 零 零 零 年	*èrlínglínglíng nián*	en l'an 2000

Exercice

Remplacez 明年 *míngnián* par les noms de temps indiqués dans les phrases suivantes :

Il aura quel âge l'année prochaine ?	他 *Tā*	明 年 *míngnián*	几 岁 ? *jǐ suì ?*
Il avait vingt ans et des poussières en l'an 2000	他 *Tā*	二 零 零 零 年	二 十 几 岁 *èr shí jǐ suì*
Il a 24 ans cette année	他 *Tā*	今 年	二 十 四 岁 *èr shí sì suì*

L'aventure du Sinogramme

Pour écrire un sinogramme selon les normes millénaires fixées par les calligraphes, il est indispensable d'observer l'ordre des traits, c'est-à-dire les priorités qu'ils entretiennent les uns par rapport aux autres.

La tenue et la rigueur se dégageant des sinogrammes proviennent de la recherche qui a été effectuée autour de leur équilibre interne.

L'élégance des sinogrammes est le résultat de l'étude qui a été faite sur l'enchaînement des traits et la communion entre le geste et sa projection écrite.

Il serait donc regrettable de briser cette logique interne en prenant des libertés contraires aux "règles d'or" de la calligraphie chinoise.

Le tableau de la page suivante expose les règles à observer pour écrire un sinogramme et prend ses exemples dans le texte de la leçon 6.

Représentation de Cāng Jie 仓颉,
inventeur légendaire de l'écriture chinoise
et ministre de l'Empereur Huangdi 黄帝 (cf.p. 194)

REGLES	EXEMPLE	APPLICATION
1. Le trait horizontal a la priorité sur le trait vertical.	十 *shí*, "dix"	一 十
2. Les traits horizontaux se tracent du haut vers le bas.	二 *èr*, "deux"	一 二
3. Le trait de gauche a la priorité sur celui de droite.	几 *jǐ*, "combien ?"	丿 几
4. Lorsqu'un sinogramme présente un axe, celui-ci doit être réalisé avant le trait horizontal du bas.	生 *shēng*, dans *shēngrì*, "anniversaire"	丿 𠂉 𠂒 牛 生
5. Tout point, ou trait, aussi petit soit-il, qui dépasse au sommet d'un caractère doit être réalisé en premier.	年 *nián*, "année"	丿 𠂉 𠂒 𠂔 𠂕 年
6. Lorsqu'un sinogramme présente un élément qui semble recouvert par un autre, l'élément intérieur se trace en dernier.	月 *yuè*, "lune"	丿 冂 月 月
7. Lorsqu'un sinogramme présente une sorte de cadre, il faut tracer l'élément intérieur avant de le refermer.	日 *rì*, dans *shēngrì*, "anniversaire"	丨 冂 日 日
8. Lorsqu'un sinogramme présente une symétrie, c'est le trait central qui a la priorité.	岁 *suì*, "année d'âge" (seule la partie du haut, 山 , *shān*, "montagne", est étudiée ici)	丨 山 山

En résumé, les traits supérieurs ont la priorité sur les traits inférieurs, ceux de gauche sur ceux de droite et les horizontaux sur les verticaux, sauf dans le cas n° 4.

<u>Exercice</u> :

Comment écrivez-vous 大， 天， 小 et 中 ?

Vous trouverez la réponse à la fin du livre dans la partie "corrigés".

EXERCICES D'APPROPRIATION

Leçons 4-5-6.

1. Leçon 4

Transformez les phrases affirmatives suivantes en phrases interrogatives: La question porte sur la partie soulignée:

a) 你的老师是中国人。
b) 你的老师是他。
c) 他是坏人。
d) 她妹妹叫丽云。
e) 你是美国人。
f) 朋友的弟弟是老师。

2. Leçon 5 (+ 2 et 3).

Mettre à la forme négative les phrases suivantes:

a) 今天我 有会。
b) 我爸爸是老师。
c) 他很聪明。

3. Leçon 5.

Remettez dans l'ordre les mots suivants de manière à obtenir un énoncé correct:

a) 不，工作，也，明天，我，下午
b) 老师，今天，都，晚上，有，会
c) 前天，他，上课，下午
d) 不都，后天，我们，休息

4. Leçon 6.

1) Mettre à la forme interrogative les phrases suivantes sans employer "吗":

a) 今天是二月二十号星期天。
b) 法国工人星期天不工作。
c) 你妹妹今天五岁。

2) Remplacez les 'blancs' par 年 ou 岁:

我妹妹二零零零___十___。

3) Remettez dans l'ordre les mots suivants de manière à constituer un énoncé correct. Un mot est en trop.

他们，星期五，不都，饭，鱼，吃

Ping et Pang

第七课

Septième leçon

来我家玩儿

 现在几点？

 两点过五分。

 不是差五分两点吗？

 哦！对！我的表快一点儿。

 你几点去大学上课？

 两点半上课。六点一刻下课。

 那么下课以后，来我家玩儿。

第七课 Septième leçon

来我家玩儿

现在几点？
Xiànzài jǐ diǎn ?
maintenant - combien - heure
Quelle heure est-il maintenant ?

两点过五分。
Liǎng diǎn guò wǔ fēn.
deux - heure - passer - cinq - minute
Deux heures cinq.

不是差五分两点吗？
Bú shì chà wǔ fēn liǎng diǎn ma ?
négation - être - moins - cinq - minute - deux - heure - *particule interrogative*
N'est-ce pas deux heures moins cinq ?

哦！对！我的表快一点儿。
Ò ! Duì ! Wǒ de biǎo kuài yì-diǎn'r.
interjection - toi - avoir raison - moi - DE - montre - rapide - un peu
Oh ! Tu as raison ! Ma montre avance un peu.

你几点去大学上课？
Nǐ jǐ diǎn qù dàxué shàng=kè ?
toi - combien - heure - aller - université - avoir / faire cours
A quelle heure vas-tu à l'université faire cours ?

两点半上课。六点一刻下课。
Liǎng diǎn bàn shàng=kè. Liù diǎn yí-kè xià=kè.
deux - heure - demi - avoir cours - six - heure - un quart - sortir de cours
J'ai cours à deux heures et demi. Je termine à six heures et quart.

那么下课以后，来我家玩儿。
Nàme xià=kè yǐhòu, lái wǒ jiā wán'r.
alors - sortir de cours - après - venir - moi - maison - se distraire
Alors, après tes cours, viens chez moi te distraire.

Vocabulaire

Sinogrammes	Transcription (pinyin)	Français	Catégorie grammaticale
现在	*xiànzài*	maintenant	nom de temps
点	*diǎn*	heure (ponctuelle)≠ heure durée	"
过	*guò*	passer	verbe
分	*fēn*	minute	nom de temps
差	*chà*	moins / manquer	verbe
哦！	*ò !*	oh !	interjection marquant qu'on réalise quelque chose
表	*biǎo*	montre	nom
快	*kuài*	rapide / être rapide	verbe adjectival
一点儿	*yì-diǎn'r*	un peu	locution marquant une tendance
去	*qù*	aller	verbe de direction
大学	*dàxué*	université	nom de lieu
半	*bàn*	demi	nom
刻	*kè*	quart d'heure	nom de temps
下课	*xià=kè*	sortir de cours	verbe d'action-objet
以后	*yǐhòu*	après	conjonction de temps
来	*lái*	venir	verbe de direction
家	*jiā*	famille / maison	nom
我家	*wǒ jiā*	chez moi	nom de lieu
玩儿	*wán'r*	se distraire / s'amuser	verbe d'action

L'heure ponctuelle

L'heure ponctuelle, correspondant à un point sur l'axe du temps, (ex. : "le train part à deux heures") s'exprime au moyen de 点 *diǎn*. Elle correspond à un complément circonstanciel de temps dont la place en chinois est toujours avant le verbe. Nous verrons dans une prochaine leçon comment exprimer l'heure durée (ex. : "il y a deux heures de train jusqu'à Paris").

Exemple : 我 今 天 五点 有 会
Wǒ jīntiān wǔ diǎn yǒu huì
J'ai une réunion aujourd'hui à cinq heures

两 et 二
LIÀNG ÈR

■ 两 *liang* s'emploie lorsqu'on additionne deux unités de la même espèce

Exemples :

两 天
liǎng tiān
deux jours

两 年
liǎng nián
deux ans

ainsi que dans l'expression de l'heure ponctuelle

Exemple : 两 点
liǎng diǎn
à deux heures

■ 二 *èr* correspond à un numéro d'ordre

Exemples :

二 月 二 号
èryuè èr hào
le 2 Février

二 号 门
èr hào mén
porte n°2

差
CHÀ

差 *chà*, "moins", est utilisé, comme en anglais, avant l'expression de l'heure juste. Mais l'usage veut que ce soit parfois le contraire.

一 点 儿
YÌ - DIǍN'R

一 点 儿 *yì-diǎn'r* s'ajoute après un verbe adjectival pour indiquer que la qualité atteinte est légèrement supérieure à celle évoquée auparavant. 一 点 儿 *yì-diǎn'r* se traduit par "un peu plus" et parfois par "un peu" selon la traduction choisie en français.

Exemples : 今天冷一点儿。
Jīntiān lěng yì-diǎn'r.
aujourd'hui - froid - un peu plus
Aujourd'hui, il fait un peu plus froid.

现在好一点儿。
Xiànzai hǎo yì-diǎn'r.
maintenant - bien - un peu plus
Maintenant c'est un peu mieux.

Remarque : 一 点 儿 *yì- diǎn'r* peut également se rencontrer après d'autres verbes que des verbes adjectivaux. Il indiquera dans ce cas que l'action est simplement esquissée. Exemples: 我会一点儿 *Wǒ huì yì-diǎn'r,* "Je sais un peu" (cf. leçon 10) ou 你吃一点儿! *Nǐ chī yì- diǎn'r*!, "Mange un peu!" (cf. leçon 12).

来 去
LÁI et QÙ

来 *lái* est un verbe de mouvement mais aussi de direction. Il indique le rapprochement par rapport à la personne qui parle.

Exemples : 记者今天三点来我家。
Jìzhě jīntiān sān diǎn lái wǒ jiā.
journaliste - aujourd'hui - trois - heure - venir - moi - maison
Aujourd'hui, le journaliste vient chez moi à trois heure.

N.B. : Les compléments circonstanciels de temps considérés comme ponctuels figurent toujours avant le verbe.

去 *qù* est un verbe de mouvement mais aussi de direction. Il indique l'éloignement par rapport à la personne qui parle.

Exemple : 我爷爷明年三月去中国。
Wǒ yéye míngnián sānyuè qù Zhōngguó.
moi - grand-père paternel - année prochaine - mars - aller - Chine
Mon grand-père paternel va en mars de l'année prochaine en Chine.

以后
YǏHÒU

以 后 *yǐhòu* est une conjonction de temps. Elle s'emploie après un nom ou après une proposition, ou seule en tête de phrase. .

a) <u>après un nom</u> :

三 月 以 后 是 什 么 ?
Sānyuè yǐhòu shì shénme ?
mars - après - être - quoi
Qu'est-ce qu'il y a après le mois de Mars ?

b) <u>après un verbe ou une proposition</u> :

去 老 师 家 以 后 , 我 休 息 。
Qù lǎoshī jiā yǐhòu, wǒ xiūxi.
aller - professeur - maison - moi - se reposer
Je me repose après être allé chez (mon) professeur.

c) <u>conjonction employée seule</u> :

以 后, 我 去 美 国 。
Yǐhòu, wǒ qù Měiguó.
après - moi - aller - Etats-Unis
Après, j'irai aux Etats-Unis.

Le contraire de 以 后 *yǐhòu* est 以 前 *yǐqián*, "avant".

他下课以后休息吗?

Vocabulaire de substitution

快 *kuài*	"rapide / être rapide", dans une phrase de structure identique, peut être remplacé par les verbes adjectivaux suivants, si le sens l'autorise :

慢	*màn*	lent / être lent
大	*dà*	grand / être grand
小	*xiǎo*	petit / être petit
新	*xīn*	nouveau / être nouveau
旧	*jiù*	vieux / être vieux (pour un objet)
贵	*guì*	cher / être cher
便宜	*piányi*	bon marché / être bon marché
重	*zhòng*	lourd / être lourd
轻	*qīng*	léger / être léger

Exercice

Remplacez le mot 快 *kuài*, "être rapide / rapide", dans la phrase suivante :

Ma montre avance un peu.	我 *Wǒ*	的 *de*	表 *biǎo*	快 *kuài*	一点儿。 *yì -diǎn'r.*
Ma montre retarde un peu.	我 *Wǒ*	的 *de*	表 *biǎo*	慢	一点儿。 *yì-diǎn'r.*
Ma montre est un peu plus vieille.	我 *Wǒ*	的 *de*	表 *biǎo*	旧	一点儿。 *yì-diǎn'r.*
Ma montre est un peu plus chère.	我 *Wǒ*	的 *de*	表 *biǎo*	贵	一点儿。 *yì-diǎn'r.*
Ma montre est un peu plus petite.	我 *Wǒ*	的 *de*	表 *biǎo*	小	一点儿。 *yì-diǎn'r.*
Ma montre est un peu plus lourde	我 *Wǒ*	的 *de*	表 *biǎo*	重	一点儿。 *yì-diǎn'r.*
Ma montre est un peu plus grande	我 *Wǒ*	的 *de*	表 *biǎo*	大	一点儿。 *yì-diǎn'r.*

表 *biǎo*	"montre", est un nom d'objet [1]. Dans une phrase à structure identique, il peut être remplacé, si le sens l'autorise, par les noms suivants :

汽车	*qìchē* [2]	voiture
自行车	*zìxíngchē*	bicyclette
火车	*huǒchē*	train
飞机	*fēijī* [3]	avion
照相机	*zhàoxiàngjī*	appareil photographique
打火机	*dǎhuǒjī*	briquet
电话(机)	*diànhuà(jī)* [4]	appareil téléphonique
电视(机)	*diànshì(jī)*	téléviseur
电脑	*diànnǎo*	ordinateur
行李	*xíngli*	valise

Exercice

Remplacez le mot 表 *biǎo*, "montre", et le mot 快 *kuài*, "être rapide / rapide", dans la phrase suivante :

Ma montre avance un peu.	我 *Wǒ*	的 *de*	表 *biǎo*	快 *kuài*	一点儿。 *yì-diǎn'r.*
L'avion est un peu plus rapide.			飞机	快	一点儿。 *yì-diǎn'r.*
Ma voiture (va) un peu plus lentement.	我 *Wǒ*	的 *de*	汽车	慢	一点儿。 *yì-diǎn'r.*
Ma bicyclette est un peu plus vieille.	我 *Wǒ*	的 *de*	自行车	旧	一点儿。 *yì-diǎn'r.*
Ma valise est un peu plus lourde.	我 *Wǒ*	的 *de*	行李	重	一点儿。 *yì-diǎn'r.*
Mon ordinateur est un peu plus cher.	我 *Wǒ*	的 *de*	电脑	贵	一点儿。 *yì-diǎn'r.*

[1] Comme tous les noms d'objet, il ne se met pas au pluriel.
[2] 车 *chē* : suffixe générique des moyens de locomotion.
[3] 机 *jī* : suffixe générique des machines.
[4] 电 *diàn* : préfixe signifiant "électricité" (pictogramme de l'éclair).

大学 *dàxué*	"université", est formé de 大 *dà*, "grand", et de 学 *xué*, "apprendre". C'est un nom d'institution mais aussi nom de lieu comme 中国 *Zhōngguó*, "Chine", ou 法国 *Fǎguó*, "France". Dans une phrase de structure identique, il peut être remplacé par les noms de lieu suivants

中学	*zhōngxué*	lycée
小学	*xiǎoxué*	école primaire
学院	*xuéyuàn*	institut

Exercice

Remplacez le mot 大学 *dàxué*, "université", dans la phrase suivante :

Il va à l'université demain matin.	他 *Tā*	明天 *míngtiān*	早上 *zǎoshàng*	去 *qù*	大学。 *dàxué.*
Il va à Paris demain matin.	他 *Tā*	明天 *míngtiān*	早上 *zǎoshàng*	去 *qù*	巴黎。
Il va au lycée demain matin.	他 *Tā*	明天 *míngtiān*	早上 *zǎoshàng*	去 *qù*	中学。
Il va à l'institut demain matin.	他 *Tā*	明天 *míngtiān*	早上 *zǎoshàng*	去 *qù*	学院。

L'aventure du Sinogramme

LE VIDE ET LE PLEIN

Lorsqu'on écrit un sinogramme, le but à atteindre est de combler de manière la plus harmonieuse possible l'espace imaginaire, c'est-à-dire le carré dans lequel il est inscrit.

Les traits doivent se répartir à travers le carré imaginaire de manière aussi équilibrée que les rainures à travers une feuille d'arbre ou que les vaisseaux sanguins à travers le corps humain. Ils se répartissent autour d'un centre de gravité que l'oeil exercé sait repérer. L'apprenti calligraphe peut, dans un premier temps, s'exercer à centrer un sinogramme dans un carré imaginaire muni de diagonales. Cette subdivision de l'espace l'aidera à observer une répartition équitable entre "le vide et le plein", entre les espaces blancs et les espaces tracés. L'irrigation du papier par l'encre doit s'étendre à l'ensemble du carré imaginaire.

Exemple de cahier d'exercice d'écriture pour les débutants

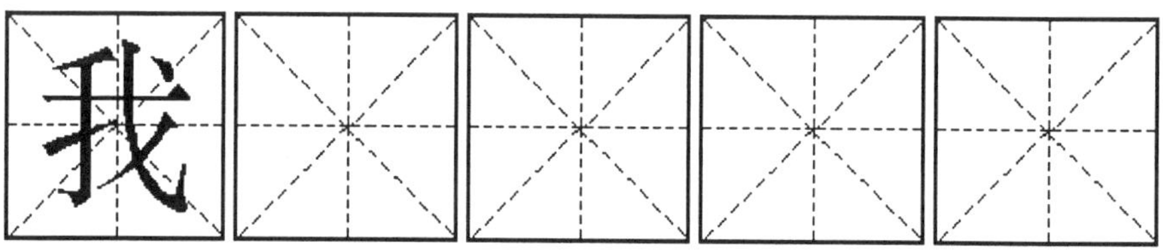

Le caractère 我 *wǒ*, "moi / je", fait partie des caractères difficiles à tracer. Mais les écoliers chinois maîtrisent sa graphie car ils apprennent également à développer le sens de l'espace.

LA REPARTITION DE L'ESPACE

Les sinogrammes composés - comme les idéogrammes ou les idéophonogrammes - ne se partagent pas obligatoirement de manière égale le carré imaginaire dans lequel ils sont inscrits. On distingue plusieurs cas :

a) sinogrammes qui se partagent l'espace entre une partie supérieure et une partie inférieure d'égale valeur, comme suit :

Exemples :	Ecriture normale	Ecriture rapide	
	是	是	*shì*
	哥	哥	*gē (gēge)*
	美	美	*měi (Měiguó)*

b) sinogrammes qui se partagent l'espace entre une partie supérieure et une partie inférieure de valeurs inégales, comme suit :

Exemples :	Ecriture normale	Ecriture rapide	
	字	字	*zì (míngzi)*
	学	学	*xué (xuésheng)*
	莫	莫	*mò (Mòsike)*

c) sinogrammes qui se partagent l'espace entre une partie supérieure et une partie inférieure de valeurs inégales (partie inférieure plus petite), comme suit:

Exemples :	Ecriture normale	Ecriture rapide	
	怎	怎	*zěn (zěnmeyang ?)*
	点	点	*diǎn*

d) sinogrammes qui se partagent l'espace entre une partie droite et une partie gauche d'égale valeur, comme suit :

Exemple :	Ecriture normale	Ecriture rapide	
	好	好	*hǎo*

e) sinogrammes qui se partagent l'espace entre une partie droite et une partie gauche de valeurs inégales (partie droite plus importante), comme suit :

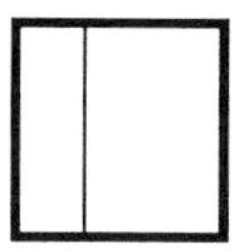

Exemple :	Ecriture normale	Ecriture rapide	
	师	师	*shī (lǎoshī)*

f) sinogrammes qui se partagent l'espace entre une partie droite et une partie gauche de valeurs inégales (partie gauche plus importante), comme suit :

Exemples :	Ecriture normale	Ecriture rapide	
	利	利	*lì (Yìdàlì)*
	刻	刻	*kè*

g) sinogrammes qui se partagent l'espace entre trois parties verticales égales, comme suit :

Exemple :	Ecriture normale	Ecriture rapide	
	谢	谢	*xiè (xièxie)*

h) sinogrammes où la partie majoritairement occupée peut être un angle, comme suit :

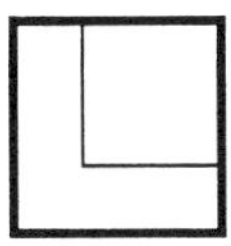

Exemple :	Ecriture normale	Ecriture rapide	
	过	过	*guò*

i) sinogrammes où la partie majoritairement occupée est le centre, comme suit :

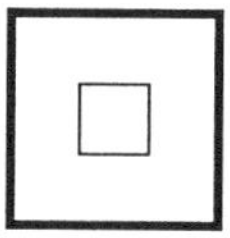

Exemple :	Ecriture normale	Ecriture rapide	
	国	国	*guó (Zhōngguó)*

L'ART DU PINCEAU

L'écriture traditionnelle chinoise est une écriture au pinceau. Le manche est en bambou et les poils - poils de martre, de renard, de loup ou de chèvre - forment un bulbe extrêmement effilé à la pointe. Cette dernière permet d'obtenir des effets très ténus alors que le renflement du bulbe permet d'obtenir l'effet inverse. Les calligraphes utilisent surtout ce procédé pour le trait oblique descendant vers la droite qui est souvent utilisé pour le dernier tracé du caractère (c'est le cas de ㇏ dans 人), comme s'ils ne voulaient pas quitter l'habitacle où ils ont fait naître le caractère.

Le pinceau est tenu verticalement au-dessus du papier (traditionnellement du papier de riz - Cf. page suivante), ce qui facilite le centrage du sinogramme.

- "Chine" écrit au pinceau -

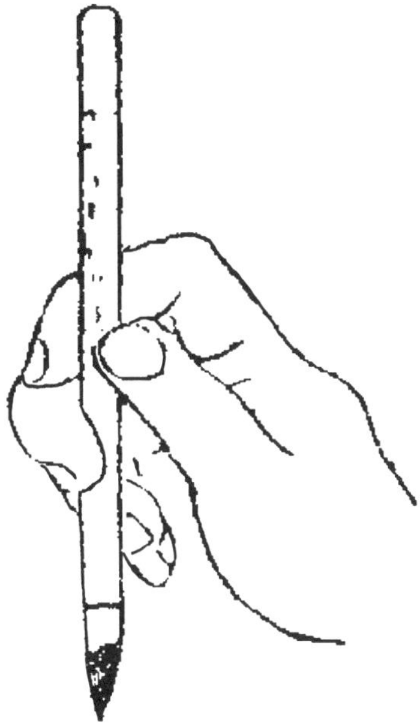

L'ECRITURE CHINOISE, VOIE D'ACCES ROYALE A LA CIVILISATION

Nombreux sont les sinogrammes qui témoignent à un haut degré de la pensée et de la civilisation chinoises. Nous avons vu à la leçon 2 le cas de 好 *hǎo*, composé de l'élément de la "femme" 女 et de l'élément de l'"enfant mâle" 子 , pour désigner la notion de "bien". Dans cette leçon, 家 *jiā*, "famille / maison", révèle également au plus haut point les préoccupations éternelles de la Chine, préoccupations à la fois humaines et d'ordre économique.

家 *jiā* est, en effet, composé de l'élément du "cochon" 豕 et du toit 宀 . Cette association d'idées, qui peut paraî tre curieuse à un esprit occidental, ne l'est plus dès lors qu'on se place dans l'optique de la réalité chinoise : dans la Chine paysanne sujette aux famines et aux calamités naturelles tout au long des siècles, une famille ne se maintenait dans sa totalité que si elle possédait un cochon pour la nourrir ; en deçà de ce seuil alimentaire, elle était obligée de se disperser et certains de ses membres étaient même obligés de se vendre.

COMMENT ECRIRE 家 "FAMILLE / MAISON"

visualisation :

Caractère archaïque correspondant :

décomposition et
direction des traits
(10 au total) :

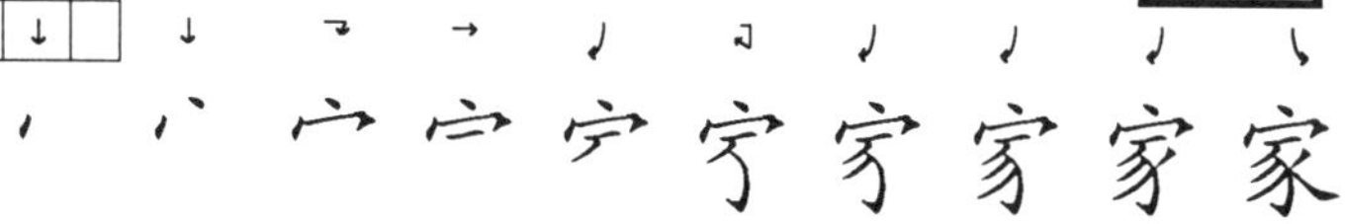

Ping et Pang

第八课

Huitième leçon

Cette huitième leçon est une leçon de révision. C'est un texte qui sert de point de départ. Après avoir essayé de le lire et de le traduire, vous répondrez aux questions s'y rapportant. Ensuite vous testerez votre niveau en faisant des phrases de thèmc et des exercices structuraux qui font appel aux connaissances acquises jusqu'ici (le corrigé se trouve à la fin du livre).

TEXTE **Linna, l'épouse de Monsieur Pang, se présente :**

我叫琳娜。我是法国人。我是老师。我的学生不都是法国人。他们都很聪明。我的工作很好。我星期一、二、四、五、六都上课。星期三我有会。我八点半上课。下午差一刻五点下课。星期天我去我哥哥家。晚上我不作什么。

我很忙。今年七月我去中国。八月我去美国。我哥哥也去美国工作。他是大夫。他星期天不休息。夜里也不休息。

我没有汽车。汽车很贵。我有电脑。现在电脑便宜一点儿。

今天是我（的）生日。我二十三岁。我爸爸、妈妈来我家吃中国饭。

Wǒ jiào Línnà (Line). Wǒ shì Fǎguórén. Wǒ shi lǎoshī. Wǒ de xuésheng bù dōu shi Fǎguórén. Tāmen dōu hěn cōngming. Wǒ de gōngzuò hěn hǎo. Wǒ xīngqīyī, èr, sì, wǔ, liù dōu shàng=kè. Xīngqīsān shàngwǔ wǒ yǒu hùi.

Wǒ bā dǐan bàn shàng=kè. Xiàwǔ chà yíkè wǔ diǎn xià=kē.

Xīngqītiān wǒ qù wǒ gēge jiā. Wǎnshang wǒ bú zuò shénme.

Wǒ hěn máng. Jīnnián qīyuè wǒ qù Zhōngguó. Bāyuè wǒ qù Měiguó. Wǒ gēge yě qù Měiguó gōngzuò. Tā shì dàifu. Tā xīngqītiān bù xiūxi. Yèli yě bù xiūxi.

Wǒ méi yǒu qìchē. Qìchē hěn guì. Wǒ yǒu diànnǎo. Xiànzài diànnǎo piányi yì-diǎn'r.

Jīntiān shi wǒ (de) shēngrì. Wǒ èrshísān suì. Wǒ bàba, māma lái wǒ jiā chī zhōngguó fàn.

PHRASES de THEME

1. Avant hier, c'était dimanche.
2. Je ne travaille pas le mercredi après-midi.
3. A trois heures et demi, je vais chez ma soeur aînée passer un moment.
4. Au mois de Mars, mon père est extrêmement occupé.
5. L'année prochaine, les élèves iront en Chine.
6. Les Chinois sont nombreux. Ils ont tous une bicyclette.
7. Aucun des élèves n'est asiatique.
8. Les étudiants ne sont pas tous français.
9. Il est ingénieur. Il n'a pas de voiture.
10. Des briquets, des téléviseurs, des appareils photographiques, des ordinateurs, les Japonais ont tout cela.
11. Les voitures américaines sont un peu plus grandes.
12. Ma valise est un peu plus lourde.
13. Qui es-tu ? Quel est ton travail ? Comment t'appelles-tu ?
14. Aurez-vous vingt ans en l'an 2.000 ?
15. Mon anniversaire est le 18 Janvier. Et le tien ?
16. Une semaine n'a pas deux jours ; elle en a sept.
17. Une année a trois cent soixante cinq jours; es-tu d'accord ?
18. Grand-père (paternel) sera directeur d'usine dans deux ans.
19. J'irai à l'école avant d'aller à Paris.
20. Es-tu occupé le dimanche ? (employez la formule alterno-interrogative)
21. Les voitures du chauffeur sont nombreuses.
22. Il a beaucoup de voitures.
23. Il ne mange ni viande ni poisson.

EXERCICES STRUCTURAUX

I - Remplacez les pointillés par le mot approprié :

1. 妈 妈 . . . 有 汽 车 。

2. 学 生 . . . 都 是 法 国 人 。

3. 你 作 . . . 工 作 ?

4. 今 天 . . . 月 . . . 号 星 期 . . . ?

5. 你 是 . . . 是 中 国 人 ?

6. 今 年 我 弟 弟 十 二 . . . 。

7. 他 是 . . . 人 ?

8. 下 课 . . . , 我 休 息 。

9. 他 . . . 忙 。

10. 他 好 . . . ?

11. 你 的 老 师 是 . . . ?

12. 爸 爸 . . . 车 很 快 。

II - Mettre à la forme négative puis interrogative.

1. 今 年 他 的 学 生 很 多 。
2. 他 弟 弟 有 表 。
3. 他 明 天 休 息 。
4. 他下个月 很 忙 。

L'aventure du Sinogramme

LES CLES

Tout sinogramme composé qu'il soit idéogramme, idéophonogramme ou idéopictogramme comporte un élément déterminant pour le sens : la clé. Les structures simples ou pictogrammes constituent des clés à elles seules (exemple : 马 *mǎ*, "cheval").

La clé occupe une place privilégiée dans le sinogramme. Elle est située généralement en haut de celui-ci - comme dans 家 *jiā*, "famille / maison" (ici, la clé est 宀, "toit") - ou dans sa partie gauche - comme dans 好 *hǎo*, "bien / être bien" (ici, la clé est 女, "femme"). Elle peut également être située dans la partie droite du sinogramme, à condition qu'elle soit plus étroite que la partie gauche - comme dans 刻 *kè*, "quart" (ici, la clé est 刂, "couteau"). Elle peut enfin être située dans la partie inférieure du sinogramme - comme dans 热 *rè*, "chaud" (ici, la clé est 灬, "feu").

Pour chercher un sinogramme dans un dictionnaire (afin de connaître son sens ou sa prononciation ou les deux), il est indispensable de repérer sa clé. Le sinogramme cherché sera rangé parmi tous ceux ayant la même clé que lui (un numéro d'ordre est indiqué pour celle-ci dans le dictionnaire consulté). Pour cibler le sinogramme recherché dans les longues colonnes de sinogrammes ayant la même clé, seule la connaissance du nombre de ses traits, en dehors de ceux de la clé, peut permettre de le faire.

Ainsi, si l'on consulte le dictionnaire le plus utilisé en Chine, le *Xīnhuá Zìdiǎn* 新 华 字 典, et si l'on recherche le sinogramme 好 *hǎo*, on trouvera que la clé 女, "femme", comportant trois traits, a pour numéro d'ordre 49. Ce numéro regroupe tous les sinogrammes ayant la clé de la femme en commun. 好 *hǎo* sera rangé à la sous-rubrique "3 traits" puisqu'il en comporte trois en dehors de la clé. Une page de renvoi (la page 167 pour l'édition de 1980), située en regard de ce sinogramme, permettra, si l'on s'y reporte, de connaître la prononciation et le sens de 好.

Le "Dictionnaire de caractères de l'Empereur Kāngxī" du XVIIIème siècle (康 熙 字 典 *Kāngxī Zìdiǎn*) compte 214 clés. Mais certains autres comme le "Dictionnaire de la Chine nouvelle" (新华 字典 *Xīnhuá Zìdiǎn*) n'en compte que 189. Pour favoriser l'effort de mémorisation, il a été cependant jugé plus utile de ne retenir qu'une centaine de clés et de les répartir en huit groupes selon leur sens.

I. GROUPE des NOMBRES et TRAITS d'ECRITURE

n°	Clés et variantes [1]	Prononciation	Sens ou désignation	Ordre des traits	Exemples choisis (leçons 1 à 7)
1	一	*yī*	"un"	一	一 三 七 不
2	丨		barre ou trait vertical	丨	中 (中 国)
3	丶		point	丶	
4	丿		trait descendant vers la gauche (*piě*)	丿	几
5	乙	*yǐ*	caractère cyclique	乙	九
6	亅		crochet	亅	
7	二	*èr*	"deux"	一 二	二 五
8	亠		élément graphique supérieur	丶 亠	京 (北 京)
9	八	*bā*	"huit"	丿 八	六
10	十	*shí*	"dix"	一 十	十 千 午 (上 午)

[1] Les sinogrammes mis entre parenthèses dans cette colonne correspondent aux sinogrammes compliqués.

II. GROUPE des CLES CONCERNANT L'HOMME

n°	Clés et variantes	Pronon-ciation	Sens ou désignation	Ordre des traits	Exemples choisis (leçons 1 à 7)
1	人 亻	*rén*	"homme"	丿 人 丿 亻	你 他 们 今 (今天)
2	大	*dà*	"grand"	一 ナ 大	大 大 (大夫)
3	儿	*ér*	"homme marchant"	丿 儿	
4	力	*lì*	"force"	㇆ 力	
5	口	*kǒu*	"bouche"	丨 冂 口	叫 吗 吃 (吃饭)
6	女 女	*nǚ*	"femme"	ㄑ 夂 女 ㄑ 夂 女	她 好 姓
7	子	*zǐ*	"fils / bébé"	㇇ 了 子	
8	尸	*shī*	"cadavre"	㇕ コ 尸	
9	心 忄 ⺗	*xīn*	"coeur"	丶 心 心 心 丶 忄 忄 亅 ⺗ ⺗ ⺗	您 慢 忙
10	手 扌	*shǒu*	"main"	ノ 二 三 手 一 十 扌	
11	疒		"maladie"	丶 亠 广 疒 疒	
12	寸	*cùn*	"pouce"	一 寸 寸	
13	歹	*dǎi*	"reste d'ossements" / "mauvais"	一 丆 歹 歹	
14	页 (頁)	*yè*	"tête" "feuille de papier"	一 丆 丆 页 页 页 一 丆 丆 百 百 百 百 頁 頁	

II. GROUPE des CLES CONCERNANT L'HOMME (suite)

n°	Clés et variantes	Pronon-ciation	Sens ou désignation	Ordre des traits	Exemples choisis (leçons 1 à 7)
15	目	*mù*	"oeil"	丨 冂 冃 月 目	
16	耳	*ěr*	"oreille"	一 厂 丌 丌 丌 耳	聪 (聪 明)
17	肉 月	*ròu*	"viande / chair"	丨 冂 内 内 肉 肉 丿 刀 月 月	脑 (电 脑)
18	讠 (言)	*yán*	"parole"	丶 讠 丶 亠 亠 亖 言 言 言	谢 (谢 谢)
19	足 ⻊	*zú*	"pied"	丨 口 口 早 早 足 足 ⻊ 丨 口 口 早 早 ⻊	
20	骨	*gǔ*	"os"	丨 冂 冎 冎 冎 冎 骨 骨 骨	

III. GROUPE des CLES CONCERNANT le MONDE ANIMAL

n°	Clés et variantes	Pronon-ciation	Sens ou désignation	Ordre des traits	Exemples choisis (leçons 1 à 7)
1	毛	*máo*	"poil"	ノ 二 三 毛	
2	牛 牜	*niú*	"boeuf"	丿 𠂉 午 牛 丿 𠂉 牛 牜	
3	犬 犭	*quǎn*	"chien" ou "bête sauvage"	一 ナ 大 犬 丿 犭 犭	
4	羊 ⺶ ⺷	*yáng*	"mouton"	丶 丷 䒑 䒑 兰 羊 丶 丷 䒑 䒑 ⺶ ⺶ 丶 丷 䒑 䒑 兰 ⺷	美 (美国)
5	羽	*yǔ*	"plumes"	丶 ㇆ 习 羽 羽 羽	
6	虍		"rayures du tigre"	丨 ⺊ 𠂤 广 声 虍	虎
7	虫	*chóng*	"insecte"	丨 冂 口 中 虫 虫	
8	豕	*shǐ*	"porc"	一 ア 豕 豕 豕 豕 豕	
9	角	*jiǎo*	"corne"	丿 ⺈ 𠂊 角 角 角 角	
10	隹		"oiseau à queue courte"	丿 亻 亻 亻 亻 亻 隹 隹	
11	马 (馬)	*mǎ*	"cheval"	㇆ 马 马 一 二 三 丰 甲 馬 馬 馬 馬 馬	马马 虎虎
12	鱼(魚)	*yú*	"poisson"	丿 ⺈ 𠂊 鱼 鱼 鱼 鱼 鱼	
13	鸟 (鳥)	*niǎo*	"oiseau"	丿 勹 勺 鸟 鸟 丿 ㇀ 白 白 白 鳥 鳥 鳥 鳥 鳥 鳥	

IV. GROUPE des CLES CONCERNANT une ACTION EN GENERAL

n°	Clés et variantes	Prononciation	Sens ou désignation	Ordre des traits	Exemples choisis (leçons 1 à 7)
1	入	*rù*	"entrer"	ノ 入	
2	彳	*chì*	"marche à petits pas"	ノ ク 彳	很
3	攴		"frapper"	丨 ⺊ 𠂇 攴	
4	曰	*yuē*	"dire"	丨 冂 日 曰	
5	止	*zhǐ*	"s'arrêter"	丨 ⺊ 𣥂 止	
6	立	*lì*	"être debout"	丶 亠 亠 立 立	
7	行 彳	*xíng*	"marcher"	ノ ク 彳 彳 彳 行 ノ ク 彳	行 (自行车)
8	见 (見)	*jiàn*	"voir"	丨 冂 贝 见	见 (再见)
9	走	*zǒu*	"aller" / "marche rapide"	一 二 土 土 走 走	
10	辶 之		"aller" / "marche intermittente"	丶 ㇋ 辶 丶 ㇇ 之	
11	饣 (食)	*shí*	"manger"	ノ ⺈ 饣 ノ 人 亽 今 今 今 食 食 食	
12	示 礻	*shì*	"déclarer" / "révélations religieuses"	一 二 亍 亓 示	祝

V. GROUPE des CLES CONCERNANT la NATURE

n°	Clés et variantes	Pronon-ciation	Sens ou désignation	Ordre des traits	Exemples choisis (leçons 1 à 7)
1	冫		"glace"	丶 冫	冷
2	厂	*chǎng*	"abri rupestre"	一 厂	厂 (厂 长)
3	土 士	*tǔ*	"terre"	一 十 土	坏
4	夕	*xī*	"soir"	丿 ク 夕	多
5	山	*shān*	"montagne"	丨 山 山	岁
6	日	*rì*	"soleil"	丨 冂 日 日	明 (明 天) 晚 (晚 上)
7	月	*yuè*	"lune"	丿 几 月 月	月
8	木	*mù*	"arbre"	一 十 才 木	柏 (柏 林)
9	水 氵	*shuǐ*	"eau"	亅 刁 水 水 丶 冫 氵	没 汽 (汽 车)
10	火 灬	*huǒ*	"feu"	丶 丷 火 火 丶 丶 丶 灬	热 点
11	玉 王	*yù*	"jade"	一 二 干 王 玉 一 二 干 王	玩
12	田	*tián*	"champ cultivé"	丨 冂 日 田 田	
13	石	*shí*	"pierre"	一 丆 不 石 石	
14	禾	*hé*	"céréales" "moisson"	丿 二 千 禾 禾	
15	竹 ⺮	*zhú*	"bambou"	丿 𠂉 亇 竹 竹 竹	
16	米	*mǐ*	"riz'	丶 丷 䒑 半 米 米	
17	穴	*xué*	"trou" "grotte"	丶 宀 宀 穴 穴	
18	纟(糸) 糸		"soie"	乙 乡 纟 乙 乡 幺 糸 糸 糸	

V. GROUPE des CLES CONCERNANT la NATURE (suite)

n°	Clés et variantes	Prononciation	Sens ou désignation	Ordre des traits	Exemples choisis (leçons 1 à 7)
19	艹		"herbe"	一 十 艹	葡 萄
20	钅 (金)	*jīn*	"or" "métal"	ノ 𠂉 𠂉 乍 钅 ノ 人 亼 今 仐 伞 余 金	
21	阝 [ ]		"tertre" "tumulus"	了 阝	
22	雨 ⻗	*yǔ*	"pluie"	一 厂 帀 帀 雨 雨 雨 雨	
23	贝 (貝)	*bèi*	"précieux" "cauris"	丨 冂 贝 贝 丨 冂 月 月 目 貝 貝	
24	白	*bái*	"blanc"	ノ 亻 白 白 白	的 百
25	黑	*hēi*	"noir"	丶 冂 冂 冂 回 回 甲 里 里 黑 黑 黑	

VI. GROUPE des CLES CONCERNANT la MAISON

n°	Clés et variantes	Pronon-ciation	Sens ou désignation	Ordre des traits	Exemples choisis (leçons 1 à 7)
1	刀 刂	*dāo*	"couteau"	㇆ 刀 丨 刂	刻
2	宀		"toit"	丶 丶 宀	家
3	巾 巾	*jīn*	"mouchoir" "linge"	丨 冂 巾	常
4	广	*guǎng*	"toit"	丶 亠 广	
5	户	*hù*	"porte" "foyer" / "famille"	丶 ㇇ 彐 户	
6	皿	*mǐn*	"ustensile" "récipient" / "vase"	丨 冂 冂 罒 皿	
7	门 (門)	*mén*	"porte à deux battants"	丶 丨 门 丨 ㇕ 彐 户 門 門 門 門	
8	衣 衤	*yī*	"habit" "vêtement"	丶 亠 ナ 衣 衣 衣 丶 ㇇ 礻 礻 衤	
9	网 罒	*wǎng*	"filet"	丨 冂 冈 冈 网 网 丨 冂 冂 罒 罒	
10	臼	*jiù*	"mortier"	丿 亻 𠂎 臼 臼 臼	
11	酉	*yǒu*	"alcool" "terme cyclique"	一 丆 兀 丌 两 覀 酉	

VII. GROUPE des CLES CONCERNANT les ARMES de GUERRE et de CHASSE et les MOYENS de TRANSPORT

n°	Clés et variantes	Pronon-ciation	Sens ou désignation	Ordre des traits	Exemples choisis (leçons 1 à 7)
1	干	*gān*	"bouclier" "impliquer"	一 二 干	年
2	弓	*gōng*	"arc" "arbalète"	㇆ コ 弓	弟 (弟 弟)
3	戈	*gē*	"lance" "halebarde"	一 弋 戈 戈	
4	舟	*zhōu*	"embarcation" "barque"	′ ノ 凢 舟 舟 舟	
5	车 (車)	*chē*	"voiture" "char"	一 𠂉 车 车 一 丅 冂 冃 日 亘 車	车 (汽 车)

VIII. GROUPE des DIVERS

n°	Clés et variantes	Prononciation	Sens ou désignation	Ordre des traits	Exemples choisis (leçons 1 à 7)
1	卩 㔾		"sceau" (insigne d'autorité ou de créance) / "noeud de bambou"	了 卩 ㇇ 㔾	
2	又	*yòu*	"encore"	㇇ 又	友 (朋 友)
3	囗		"enceinte"	丨 冂 囗	
4	方	*fāng*	"carré" / "côté" / "point cardinal"	丶 亠 亣 方	
5	欠	*qiàn*	"manquer" "dette"	丿 𠂊 𠂉 欠	欧 (欧 洲)
6	邑 阝	*yì*	"ville"	丶 ㇆ 口 号 号 号 邑 ㇋ 阝	都

Ping et Pang

第九课

Neuvième leçon

多少钱？

请问，去天安门怎么走？

在动物园上车。在故宫下车。

车上可以买票吗？

当然可以。一张票两毛。

请你再说一遍，一张票多少钱？

两毛；在北京坐车不贵。

最便宜还是骑自行车，是吗？

第九课 — Neuvième leçon

多少钱？

请问，去天安门怎么走？
Qǐngwèn, qù Tiān'ān Mén zěnme zǒu ?
s'il vous plaît - aller - Tian'an Men - comment ? - aller
S'il vous plaît, comment faut-il faire pour aller à Tian'an Men ?

在动物园上车。在故宫下车。
Zài dòngwùyuán shàng=chē. Zài Gùgōng xià=chē.
à - zoo - prendre le bus - à - Cité Interdite - descendre
Prends le bus au zoo et descends à la Cité Interdite.

车上可以买票吗？
Chē-shang kěyǐ mǎi piào ma ?
bus - sur - pouvoir - acheter - billet - *particule interrogative*
Peut-on acheter un billet dans le bus ?

当然可以。一张票两毛。
Dāngrán kěyǐ. Yì-zhāng piào liǎng máo.
bien sûr - pouvoir - un - SP - billet - deux - mao
Bien sûr que c'est possible. Un billet coûte deux mao.

请你再说一遍，一张票多少钱？
Qǐng nǐ zài shuō yí-biàn, yì-zhāng piào duōshǎo qián ?
prier - toi - encore - dire - une - fois - un - SP - billet - combien ? - argent
S'il te plaît, redis-moi combien coûte un billet ?

两毛；在北京坐车不贵。
Liǎng máo ; zài Běijīng zuò chē bú guì.
deux - mao - à - Pékin - asseoir - bus - *négation* - cher
Deux mao ; à Pékin, le bus n'est pas cher.

最便宜还是骑自行车，是吗？
Zuì piányi háishì qí zìxíngchē, shì ma?
le plus - bon marché - encore - monter à - bicyclette - n'est-ce-pas (*locution*) ?
C'est encore meilleur marché de circuler en bicyclette, n'est-ce-pas ?

Vocabulaire

Sinogrammes	Transcription (pinyin)	Français	Catégorie grammaticale
请问	*qǐngwèn*	s'il vous plaît	locution
天安门	*Tiān'ān Mén*	Porte (*men*) de la Paix (*an*) Céleste (*tian*)	nom de lieu
门	*mén*	porte	nom
怎么？	*zěnme ?*	comment ?	adverbe interrogatif (de moyen)
走	*zǒu*	aller à pied / marcher	verbe de mouvement
在	*zài*	à, au, dans, en	préposition indiquant la localisation
动物园	*dòngwùyuán*	zoo	nom de lieu
动物	*dòngwù*	animal	nom
上车	*shàng=chē*	prendre le bus (monter en bus)	verbe-objet
故宫	*Gùgōng*	Cité Interdite	nom de lieu
下车	*xià=chē*	descendre de bus	verbe-objet
上	*shàng*	sur (dans)	suffixe de localisation
可以	*kěyǐ*	pouvoir / être possible	verbe auxiliaire
买	*mǎi*	acheter	verbe d'action
票	*piào*	billet	nom
当然	*dāngrán*	bien sûr	conjonction
张	*zhāng*	(unité de compte des objets plats)	spécificatif
毛	*máo*	1/10ème de *kuài* ou de *yuán*	unité monétaire chinoise
请	*qǐng*	prier de	verbe d'ordre
再	*zài*	à nouveau	adverbe
遍	*biàn*	fois	spécificatif verbal
多少？	*duōshǎo*	combien ?	interrogatif des noms de nombres supérieurs à 10
钱	*qián*	argent	nom
坐	*zuò*	s'asseoir / prendre un moyen de locomotion	verbe de geste

Sinogrammes	Transcription (pinyin)	Français	Catégorie grammaticale
贵	*guì*	cher / être cher	verbe adjectival
最	*zuì*	le plus	adverbe
还 是	*háishì*	encore	adverbe
骑	*qí*	monter à califourchon	verbe de geste
是 吗 ?	*shì ma ?*	n'est-ce-pas ?	locution

骑马最快吗？

请问
QǏNGWÈN

请问 *qǐngwèn* est une locution de politesse. Elle s'emploie en tête de phrase pour demander un renseignement.

Exemple : 请问，怎么买票?
Qǐngwèn, zěnme mǎi piào ?
s'il vous plaît - comment ? - acheter - billet
S'il vous plaît, comment achète-t-on un billet ?

怎么？
ZĚNME ?

怎么 *zěnme* est un adverbe interrogatif qui interroge sur la manière dont on fait une action ; il se place devant le verbe.

Exemple : 没有钱，怎么买汽车？
méi yǒu qián zěnme mǎi qìchē ?
ne ... pas - avoir - argent - comment ? - acheter - voiture
Comment acheter une voiture sans argent ?

在
ZÀI

在 *zài* est une préposition qui introduit un <u>nom de lieu</u>. L'ensemble *zài* + nom de lieu se situe devant le verbe et constitue un <u>complément circonstanciel de lieu</u>.

Exemple : 他在日本是老师。
Tā zài Rìběn shì lǎoshī.
lui - à - Japon - être - professeur
Il est professeur au Japon.

N.B. : lorsque le nom de lieu introduit par 在 *zài* est un nom de pays, de ville ou d'endroit et que le verbe principal est 有 *yǒu*, 在 *zài* peut être omis.

Exemple : 中国有很多自行车。
Zhōngguó yǒu hěn duō zìxíngchē.
Chine - avoir - très - beaucoup - bicyclette / vélo
Il y a beaucoup de bicyclettes en Chine.

上
SHÀNG

上 *shàng* que nous avons déjà rencontré comme verbe ("monter / aller") peut être également employé comme suffixe de localisation. 上 *shàng* est postposé au nom (le référant de localisation) et forme avec ce dernier un "nom de lieu". La préposition 在 *zài* peut être omise.

Exemple : 车 *chē* voiture → 车上 *chē-shang*[1] dans la voiture

L'ensemble (在 *zài*) + nom + 上 *shàng* se place avant le verbe.

Exemple : 车上有电话机。
Chē-shang yǒu diànhuàjī.
voiture - sur - avoir - poste téléphonique
Il y a un téléphone dans la voiture.

上 *shàng* peut être remplacé par les suffixes de localisation suivants :

下	*xià*	en-dessous
里	*lǐ*	à l'intérieur
外	*wài*	à l'extérieur.

Exemples :

学校外有学生。
Xuéxiào-wài yǒu xuésheng.
école - à l'extérieur - avoir - élève
Il y a des élèves à l'extérieur de l'école.

学校里有电脑
Xuéxiào-lǐ yǒu diànnǎo
école - à l'intérieur - avoir - ordinateur
Il y a des ordinateurs à l'école

[1] Les suffixes de localisation prennent rarement le ton.

可以
KĚYǏ

可以 *kěyǐ* est un verbe auxiliaire. Généralement suivi d'un autre verbe, il indique la possibilité de faire une chose, ou simplement la permission.

Exemple : 在中国法国人可以上课吗？
Zài Zhōngguó Fǎguórén kěyǐ shàng=kè ma ?
à - Chine - Français - pouvoir - suivre cours - *particule interrogative*
Est-ce que les Français peuvent suivre des cours en Chine ?

Remarques : A la forme alterno-négative, il arrive que seul 可 *kě* soit redoublé.
Exemple : 可不可以抽烟？ *Kě bù kě yi chōu=yān ?*
A la forme négative, 可以 est remplacé par 能 *néng*.
Exemple : 不能抽烟 *Bù néng chōu=yān*

张
ZHĀNG

张 *zhāng*, appelé grammaticalement spécificatif, est l'unité de compte des objets plats comme, par exemple, un "billet". En français, les unités de compte s'emploient pour certains mots comme "bétail", "ail", "raisin" ou "pain" (on dit "une tête de bétail", "une gousse d'ail", "une grappe / un grain de raisin" ou "un morceau de pain"). En chinois, cet usage est répandu à tous les mots. Les spécificatifs sont au nombre de 400 environ ! Une dizaine d'entre eux méritent d'être retenus dans l'immédiat (tableau page suivante). On les emploie après les noms de nombre, après les adjectifs démonstratifs 这 *zhè*, "ce ... -ci", et 那 *nà*, "ce ... -là", après l'interrogatif 哪 *nǎ*, "quel ?, lequel ? ", ainsi qu'après l'interrogatif des noms de nombre 几 *jǐ* (réservé aux nombres inférieurs à 10).

Exemples :

这张票	那张票	哪张票？	几张票？
Zhè-zhāng piào	*Nà-zhāng piào*	*Nǎ-zhāng piào ?*	*Jǐ-zhāng piào ?*
Ce billet-ci	Ce billet-là	Lequel de ces billets ?	Combien de billets ?

Spécificatif	Pinyin	Utilisation	Exemple		
个	*ge*	spécificatif des individus et de la plupart des objets	一个学生	*yí-ge xuésheng*	un élève
本	*běn*	spécificatif des livres et des objets reliés	一本书	*yì-běn shū*	un livre
把	*bǎ*	spécificatif des objets que l'on tient dans la main	一把伞	*yì-bǎ sǎn*	un parapluie
件	*jiàn*	spécificatif des vêtements	一件衣服	*yí-jiàn yīfu*	un vêtement
辆	*liàng*	spécificatif des véhicules	一辆汽车	*yí-liàng qìchē*	une voiture
匹	*pǐ*	spécificatif des chevaux	一匹马	*yì-pǐ mǎ*	un cheval
条	*tiáo*	spécificatif des objets longs ou sinueux	一条鱼	*yì-tiáo yú*	un poisson
支	*zhī*	spécificatif des objets en forme de tige.	一支烟	*yì-zhī yān*	une cigarette
只	*zhī*	spécificatif des animaux et des fruits	一只猫	*yì-zhī māo*	un chat
块	*kuài*	spécificatif des objets ronds et un peu massifs	一块表	*yí-kuài biǎo*	une montre

Il existe deux spécificatifs qui portent en eux-mêmes la marque du pluriel :

Spécificatif	Pinyin	Utilisation	Exemple		
双	*shuāng*	spécificatif indiquant "paire"	一双筷子	*yì-shuāng kuàizi*	une paire de baguettes
些	*xiē*	spécificatif indiquant "quelques"	一些书	*yì-xiē shū*	quelques livres

<u>Remarque</u> : les noms de temps comme 年 *nián*, "année", 天 *tiān*, "jour", ou 点 *diǎn*, "heure", ne sont pas précédés de spécificatif.

月 *yuè* précédé d'un spécificatif renvoie à l'expression du temps-durée ; non précédé d'un spécificatif, il renvoie à un nom de mois du calendrier :

一个月 *yí-ge yuè* : un mois (28 à 31 jours)　　　一月 *yīyuè* : janvier

星期 *xīngqī*, "semaine", peut être précédé ou non, indifféremment, par un spécificatif.

请
QǏNG

请 *qǐng* est un verbe d'ordre qui signifie "prier, demander". Son complément est généralement un nom de personne qui se trouve être sujet du verbe suivant.

Exemple : 他 请 我 去 他 家 。
Tā qǐng wǒ qù tā jiā.
lui - prier - moi - aller - lui - maison
Il m'a prié d'aller chez lui.

On rencontre également 请 *qǐng* dans les expressions de politesse :

Exemple : 请 坐 ！
Qǐng zuò !
prier - assoeoir
Asseyez-vous, je vous prie !

Autre verbe d'ordre : 要 *yào*, "vouloir".

Exemple : 大 夫 要 我 骑 自 行 车 。
Dàifu yào wǒ qí zìxíngchē.
médecin - vouloir - moi - monter à califourchon - bicyclette / vélo
Le médecin veut que je fasse du vélo.

N.B. : à la différence de 请 *qǐng*, 要 *yào* peut être suivi d'un complément d'objet.

Exemple : 他 要 钱 。
Tā yào qián.
lui - vouloir - argent
Il veut de l'argent.

再
ZÀI

再 *zài* est un adverbe qui s'emploie pour les actions se répétant dans l'avenir. On le rencontre souvent avec 一 遍 *yí-biàn*, "une fois", placé après le verbe.

Exemples : 请 你 再 说 一 遍 。
Qǐng nǐ zài shuō yí-biàn.
prier - toi - à nouveau - dire - une fois
Je te prie de répéter.

他 要 再 来
Tā yào zài lái
lui - vouloir - à nouveau - venir
Il veut revenir

多少钱？
DUŌSHǍO QIÁN ?

多少钱 *duōshǎo qián* est la locution d'usage pour demander le prix d'un objet. Constituée de 多少 *duōshǎo*, "combien ?", et de 钱 *qián*, "argent", elle ne comporte aucun verbe. Elle suit ou précède indifféremment le nom de l'objet dont on veut connaître le prix.

Exemple : 一张飞机票多少钱？
Yì-zhāng fēijī piào duōshǎo qián ?
un - SP - avion - billet - combien ? - argent
Combien coûte un billet d'avion ?

多少
DUŌSHǍO

多少 *duōshǎo* est l'interrogatif des noms de nombres supérieurs à 10. Contrairement à 几 *jǐ*, qui est l'interrogatif des noms de nombres inférieurs à 10, il n'est pas obligatoirement suivi par un spécificatif.

Exemple : 学校有多少（个）学生？
Xuéxiào yǒu duōshǎo (gè) xuésheng ?
école - avoir - combien ? - (SP) - élève
Combien d'élèves y-a-t-il à l'école ?

坐
ZUÒ

Nous avons déjà rencontré 坐 *zuò* ci-dessus dans l'exemple 请坐 *Qǐng zuò*, "Asseyez-vous, je vous prie". 坐 *zuò* signifie en effet "s'asseoir", mais employé devant un nom qui représente un véhicule à places assises (voiture, bus, train, avion, bateau), il correspond en français au verbe "prendre".
Lorsque 坐 *zuò* suivi d'un nom de moyen de locomotion précède 来 *lái* ou 去 *qù*, 坐 *zuò* est rendu en français par la préposition "en" .

Exemple : 他 们 坐 飞机 去 中 国
Tāmen zuò fēijī qù Zhōngguó
Eux - asseoir - avion - aller - Chine
Ils vont en Chine en avion

Lorsque le moyen de locomotion est "cheval" ou "bicyclette", 骑 *qí* remplace 坐 *zuò*.

最
ZUÌ

最 *zuì* est employé pour indiquer le superlatif. Il précède l'adjectif.

Exemple : 最 好 是 去 中 国 。
Zuì hǎo shì qù Zhōngguó.
le plus - bien - être - aller - Chine
Le mieux est d'aller en Chine.

还 是
HÁISHÌ

还 是 *háishì* indique qu'une action mérite d'être réalisée plutôt qu'une autre.

Exemple : 最 好 还 是 去 北 京 。
Zuì hǎo háishì qù Běijīng.
le plus - bien - encore - aller - Pékin
Le mieux est encore d'aller à Pékin.

N.B. : 还 是 *háishì* englobe le verbe 是 *shì*, "être". Il n'y a pas lieu de réutiliser 是 *shì*, "être".

是 吗 ?
SHÌ MA ?

是 吗 ? *shì ma ?* est une locution qui se met à la fin de la phrase et sert à demander l'approbation du locuteur.

Exemple : 坐 飞 机 好 ， 是 吗 ?
Zuò fēijī hǎo, shì ma ?
asseoir - avion - bien - n'est-ce-pas ?
C'est bien de prendre l'avion, n'est-ce pas ?

Vocabulaire de substitution

动物园 *dòngwùyuán* [2]	"zoo", est un nom de lieu. Dans un schéma donné, il peut être remplacé par tous les noms de pays appris précédemment et par tous les autres noms de lieu suivants :	花园	*huāyuán*	jardin
		公园	*gōngyuán*	jardin public
		广场	*guǎngchǎng* [3]	place
		市场	*shìchǎng*	marché
		飞机场	*fēijīchǎng*	aéroport
		车站	*chēzhàn* [4]	station de bus
		火车站	*huǒchēzhàn*	gare

Exercices

1. Le nom de lieu suit un verbe de direction comme 来 *lái*, "venir", ou 去 *qù*, "aller".

Remplacez 今天 *jīntiān*, "aujourd'hui", 动物园 *dòngwùyuán*, "zoo", dans la phrase suivante :

Aujourd'hui, nous allons au zoo.	今天 *Jīntiān*	我们 *wǒmen*	去 *qù*	动物园。 *dòngwùyuán.*
Demain, nous irons au marché.	明天 *Míngtiān*	我们	去	市场。
Après-demain, nous irons à l'aéroport.	后天 *Hòutiān*	我们	去	飞机场。
Nous irons à la gare à trois heures.	三点 *diǎn*	我们	去	火车站。
Nous irons à minuit sur la place Tian'an men	半夜 *bànyè*	我们	去	天安门广场 *Tiān'ān mén guǎngchǎng*

---

[2] 园 *yuán* : suffixe générique des espaces clos comportant une végétation.

[3] 场 *chǎng* : suffixe générique des lieux découverts.

[4] 站 *zhàn* : suffixe générique des endroits où l'on stationne.

2. La préposition 在 *zài* et le nom de lieu qu'elle introduit précèdent le verbe et décrivent le cadre dans lequel se déroule l'action. 在 *zài* et le nom de lieu forment un complément circonstanciel de lieu.

Remplacez 他 *tā*, "*lui / il*", et 动 物 园 *dòngwùyuán*, "zoo", dans la phrase suivante :

Il achète les billets au zoo.	他 *Tā*	在 动 物 园 *zài dòngwùyuán*	买 *mǎi*	票 。 *piào.*
Papa achète les billets à l'aéroport.	爸 爸 *Bàba*	在 飞 机 场	买	票 。
Grand-mère achète les billets au jardin public.	奶 奶 *Nǎinǎi*	在 公 园	买	票 。
Grand-père achète les billets au marché.	爷 爷 *Yèye*	在 市 场	买	票 。

3. Parfois le nom de lieu est précédé de la préposition 在 *zài* mais est egalement suivi d'un suffixe de localisation (cf page 103), surtout lorsque l'on veut préciser la localisation exacte. 在 *zài* devient facultatif.

Remplacez 花 园 *huāyuán*, "jardin", et 里 *lǐ*, "à l'intérieur de", dans la phrase suivante :

Je mange dans le jardin (/ à l'intérieur du ...).	我 *Wǒ*	（在）花 园 里 *(zài) huāyuán lǐ*	吃 饭 。 *chī =fàn.*
J'achète les billets à l'extérieur de la gare.	我	（在） 火 车 站 外	买 票 。
Je vends le journal sur la place.	我	（在） 广 场 上	卖 报。 *bào*

<u>Rappel et remarque</u> : les noms de pays ne sont jamais suffixés en 里 *lǐ* . Les noms d'établissement (ex : 学 校 *xuéxiào*, "école"; 银 行 *yínháng*, "banque") et les noms de lieux publics (ex : 公 园 *gōngyuán*, "parc") peuvent également ne pas l'être.

买 *mǎi*	est un verbe d'action transitif qui signifie "acheter" Il est généralement suivi d'un complément d'objet mais, à la différence des verbes-objet (Cf. leçon 5 page 48), le complément d'objet n'est pas obligatoire. Il peut être remplacé par les verbes d'action suivant		

卖	*mài*	vendre
看	*kàn*	regarder
听	*tīng*	écouter
参 观	*cānguān*	visiter
学 （习）	*xué(xí)*	apprendre

Exercices

1. Remplacez le verbe 买 *mǎi*, "acheter", et 一 份 报 *yí-fèn bào*, "un journal", dans la phrase suivante :

Comment acheter un journal ?	怎 么 *Zěnme*	买 *mǎi*	一 份 报 ？ *yí-fèn bào ?*
Comment vendre trois voitures ?	怎 么	卖	三 辆 汽 车 ？
Comment regarder la télévision ?	怎 么	看	电 视 ？ *diànshì ?*
Comment vendre ce roman ?	怎 么	卖	这 部 小 说 ？ *bù xiǎoshuō*

2. Mariez les mots de la colonne de gauche avec ceux de la colonne de droite :

看	小学
参观	书
听	骑 自行车
买	妈 妈 说 话
学	表

票 *piào*	est un nom d'objet et signifie "billet". Son spécificatif est 张 *zhāng*. Il peut être remplacé par les noms suivants ayant, chacun d'entre eux, leur spécificatif approprié	报（份） *bào (fen)* journal 小说（部） *xiǎoshuō (bù)* roman 本子（本） *běnzi (běn)* cahier 毛笔（支） *máobǐ (zhī)* pinceau

Exercice

Remplacez 一 *yī* et 票 *piào*, "billet", dans la phrase suivante :

Combien coûte un billet ?	一 张 票 *Yì-zhāng piào*	多 少 钱 ？ *duōshǎo qían ?*
Combien coûte ce roman-ci ?	这 一 部 小 说 *zhè*	多 少 钱 ？
Combien coûte ce pinceau-là ?	那 一 支 毛 笔 *nà*	多 少 钱 ？
Combien coûte cette voiture-ci ?	这 一 辆 汽 车	多 少 钱 ？
Combien coûte ce journal-là ?	那 一 份 报	多 少 钱 ？

EXERCICES D'APPROPRIATION

Leçons 7-8-9

1. Leçon 7.

1) Mettez les phrases suivantes à la forme interrogative:

a) 记 者 是 美 国人。(Utilisez 吗, 谁, la forme alterno-interrogative et 哪.)

b) 他 明 天 九 点 半 有 课。(Utilisez 几 et la particule interrogative 吗.)

c) 我 老 师 姓 张 。(Utilisez 什么 et la forme alterno-interrogative.)

2) Remplacez les 'blancs' par 以后 ou 以前, selon le sens de la phrase :

a) _____, 我 是 老 师, 现 在 我 是 记 者。

b) 工作_____, 工 人 休 息。

c) 下课_____, 来 我 家 玩 儿。

d) 上课_____, 你 作 什么?

2. Leçon 7 et 9.

Remettez dans l'ordre les groupes de mots suivants:

a) 坐, 一点儿, 火车, 贵

b) 再, 一, 请, 说, 遍, 老师, 学生

3. Leçon 8.

Trouvez les clés des caractères suivants:

a) 朋

b) 在

c) 钱

d) 张

4. Leçon 9

1) Mettre à la place des blancs le mot qui convient:

a) 在飞机场 不_____买票。

b) 去巴黎_____走?

2) Employez le spécificatif qui convient:

a) 他有一____大车。

b) 这___小 说 是 我 的。

c) 那___报 在 法 国 很 便宜。

d) 谁有两 ___ 伞?

Ping et Pang

第十课

Dixième leçon

包饺子

我们今天中午去饭馆，好不好？

很好！我在法国住，
很少有机会吃中国饭。

你会不会用筷子吃饭？

会一点儿。我父亲是中国人。

你在法国吃过饺子吗？

吃过。那儿中国朋友不少。
他们常常包饺子。

第十课 — Dixième leçon

包饺子

我们今天中午去饭馆，好不好？
Wǒmen jīntiān zhōngwǔ qù fànguǎn, hǎo bù hǎo ?
nous - aujourd'hui - midi - aller - restaurant - bien - *négation* - bien
Nous allons au restaurant à midi, d'accord ?

很好！我在法国住，很少有机会吃中国饭。
Hěn hǎo ! Wǒ zài Fǎguó zhù. Hěn shǎo yǒu jīhuì chī Zhōngguó fàn.
très - bien - moi - en - France - habiter - très - peu - avoir - occasion - manger - Chine - nourriture
Très bien ! J'habite en France et j'ai très peu l'occasion de manger de la nourriture chinoise.

你会不会用筷子吃饭？
Nǐ huì bú huì yòng kuàizi chī=fàn ?
toi - savoir - *négation* - savoir - avec - baguette - manger
Sais-tu manger avec des baguettes ?

会一点儿。我父亲是中国人。
Huì yì-diǎn'r. Wǒ fùqin shi Zhōngguórén.
savoir - un peu - moi - père - être - chinois
Oui, un peu. Mon père est chinois.

你在法国吃过饺子吗？
Nǐ zài Fǎguó chī-guo jiǎozi ma ?
toi - en - France - manger - GUO (*suffixe d'aspect*) - ravioli - *particule interrogative*
As-tu (déjà) mangé des raviolis en France ?

吃过。那儿中国朋友不少。他们常常包饺子。
Chī-guo. Nàr Zhōngguó péngyou bù shǎo. Tāmen chángcháng bāo jiǎozi.
manger - GUO (*suffixe d'aspect*) - là-bas - Chine - ami - *négation* - peu nombreux
eux - souvent - faire / empaqueter - ravioli
Oui. Là-bas, les amis chinois sont plutôt nombreux. Ils font souvent des raviolis.

Vocabulaire

Sinogrammes	Transcription (pinyin)	Français	Catégorie grammaticale
饭馆	*fànguǎn*	restaurant	nom de lieu
住	*zhù*	habiter	verbe d'action
很少	*hěn shǎo*	peu	adverbe de fréquence
机会	*jīhuì*	occasion	nom
会	*huì*	savoir	verbe auxiliaire
用	*yòng*	1) avec / à l'aide de 2) se servir de	préposition verbe d'action
筷子	*kuàizi*	baguette	nom
父亲	*fùqin*	père	nom de personne
过	*guo*	marque du passé d'expérience	suffixe verbal
饺子	*jiǎozi*	ravioli	nom
常常	*chángcháng*	souvent	adverbe de fréquence
那儿	*nàr*	là-bas	nom de lieu
朋友	*péngyou*	ami	nom de personne
少	*shǎo*	peu nombreux / être peu nombreux	verbe adjectival
包	*bāo*	empaqueter / faire	verbe d'action

La relation déterminant - déterminé

En chinois, tout mot principal, appelé "déterminé", est précédé d'un mot ou d'un groupe de mots auxiliaire, appelé "déterminant".

- Le déterminant peut être adjectival [1] :

Exemples :	好学生	新汽车
	Hǎo xuésheng	*Xīn qìchē*
	bon - élève	nouveau - voiture
	Un bon élève	Une voiture neuve

Lorsque le déterminant adjectival est précédé de 很 *hěn*, qui se traduit dans ce cas par "très", il est suivi par la particule de détermination 的 *de*. Il est de même lorsqu'il est dissyllabique.

Exemples :	很好的学生	好看的汽车
	Hěn hǎo de xuésheng	*hǎo kàn de qìchē*
	très - bon - DE - élève	joli - DE - voiture
	Un très bon élève	Une jolie voiture

- Nous avons vu dès la leçon 3 que le déterminant pouvait être un nom de pays ou un nom de lieu :

Exemple :	中国人	北京人
	Zhōngguó rén / Zhōngguórén	*Běijīng rén*
	Chine - homme	Pékin homme
	Chinois	Un Pékinois

Dans cette leçon, 中国 *Zhōngguó*, "Chine", précède 饭 *fàn*, "nourriture", pour signifier "nourriture chinoise". 中国 *Zhōngguó*, "Chine", précède également 朋友 *péngyou*, "ami", pour signifier "ami(s) chinois".

[1] L'adjectif chinois peut assurer deux fonctions, soit être verbal (dans ce cas nous l'avons désigné sous le terme de verbe adjectival), soit déterminant.

会
HUI

会 *huì*, "savoir", est, comme 可 以 *kěyǐ*, "pouvoir",(Cf. leçon 9 page 105) un verbe auxiliaire.

Suivi d'un autre verbe, il indique que le sujet de l'action sait faire quelque chose (sous-entendu : après un apprentissage).

Exemple : 姐 姐 会 包 饺 子 。
Jiějie huì bāo jiǎozi.
soeur aînée - savoir - faire - ravioli
Ma soeur aînée sait faire les raviolis.

用
YÒNG

用 *yòng* est, à l'origine, un verbe qui signifie "se servir de", "utiliser". Il est transitif.

Exemple : 记 者 都 用 电 脑 。
Jìzhě dōu yòng diànnǎo.
journaliste - en totalité - utiliser - ordinateur
Les journalistes utilisent tous des ordinateurs.

用 *yòng* est également employé comme préposition et signifie alors "au moyen de", "avec". 用 *yòng* forme avec le mot qu'il introduit un groupe prépositionnel qui se situe toujours devant le verbe et qui constitue un complément circonstanciel de moyen.

Exemple : 日 本 人 也 用 筷 子 吃 饭 。
Rìběnrén yě yòng kuàizi chī fàn.
Japonais - également - avec - baguette - manger
Les Japonais mangent aussi avec des baguettes.

Remarque : 用 *yong* introduit un circonstanciel de moyen. Lorqu'il arivera de traduire en chinois "avec", il faudra donc s'interroger s'il s'agit de "avec" / "au moyen de" ou de "avec / en compagnie de" – (cf. leçon 15 p.181 pour la traduction de "avec / en compagnie de").

Les spécificatifs de 筷子 *kuàizi*, "baguette"

Un mot comme 筷 子 *kuàizi*, "baguette", peut avoir trois spécificatifs différents :

■ son propre spécificatif : 支 *zhī*

exemple : 一 支 筷 子
yì-zhī kuàizi
une baguette

■ le spécificatif désignant une paire : 双 *shuāng*

exemple : 一 双 筷 子
yì-shuāng kuàizi
une paire de baguettes

■ et un spécificatif que l'on traduit généralement par "plusieurs" : 些 *xiē*

exemple : 一 些 筷 子
yì-xiē kuàizi
plusieurs baguettes

吃饭 CHĪ=FÀN 吃中国饭 CHĪ ZHŌNGGUÓ FÀN

Les verbes-objet se voient dissociés l'un de l'autre lorsque le complément d'objet est précédé d'un déterminant. Ainsi, "manger de la nourriture chinoise / manger chinois" ne se dira pas 吃 饭 中 国 *chī fàn Zhōngguó*, mais 吃 中 国 饭 *chī Zhōngguó fàn* (Cf. également leçon 5 page 48).

Quelques exemples de verbes-objet :

说 话	*shuō=huà*	parler (parler / dire = parole)
唱 歌	*chàng=gē*	chanter (chanter = chanson)
写 字	*xiě=zì*	écrire (écrire = caractère)
看 书	*kàn=shū*	lire (regarder = livre)

Exemple : 他 会 唱 中 国 歌 。
Tā huì chàng Zhōngguó gē.
lui - savoir - chanter - Chine - chanson
Il sait chanter des chansons chinoises.

过
GUO

1) 过 *guo* est un suffixe verbal qui indique que l'action décrite par le verbe s'est produite au moins une fois. C'est la marque de l' "aspect d'expérience".

Exemple : 我 父 亲 去 过 德 国 。
Wǒ fùqin qù-guo Déguó.
moi - père - aller - GUO - Allemagne
Mon père a été en Allemagne. (= a eu l'occasion d'aller en Allemagne)

过 *guo* se rencontre principalement après les verbes d'action - comme 买 *mǎi*, "acheter", ou 看 *kàn*, "regarder / voir" - ou de direction - comme 来 *lái*, "venir", ou 去 *qù*, "aller" -.

Exemple : 我 在 中 国 看 过 他 。
Wǒ zài Zhōngguó kàn-guo tā.
moi - en - Chine - voir - GUO - lui
Je l'ai vu en Chine.

Un verbe suffixé en 过 *guo* est précédé de 没 *méi* à la forme négative.

Exemple : 我 没 去 过 日 本 。
Wǒ méi qù-guo Rìběn.
moi - *négation* - aller - *suffixe d'expérience* - Japon
Je ne suis pas allé au Japon.

2) 过 *guo* est également un verbe de mouvement qui signifie "passer" (Cf. leçon 7, expression de l'heure).

那 儿
NÀR

那 儿 *nàr* est un nom de lieu signifiant "là-bas".

Exemple : 那 儿 有 中 国 朋 友 。
Nàr yǒu Zhōngguó péngyou.
là-bas - avoir - Chine - ami
Là-bas, il y a des amis chinois.

那儿 *nàr* a pour correspondant 这儿 *zhèr*, "ici", qui désigne un endroit rapproché.

Exemple : 这儿是动物园。
Zhèr shi dōngwùyuán.
ici - être - zoo
Ici, c'est un zoo.

L'interrogatif correspondant à 这儿 *zhèr* et à 那儿 *nàr* est 哪儿？ *nǎr ?*, "où ?".

Exemple : 哪儿有车站？
Nǎr yǒu chēzhàn ?
où ? - avoir - station de bus
Où y a-t-il une station de bus ?

Dans les phrases contenant un verbe d'action, 这儿 *zhèr*, "ici", 那儿 *nàr*, "là-bas", et 哪儿？ *nǎr ?*, "où ?", sont précédés de la préposition 在 *zài*, "dans / en / à".

Exemples : 你在哪儿买飞机票？
Nǐ zài nǎr mǎi fēijī piào ?
toi - en - où ? - acheter - avion - billet
Où achètes-tu les billets d'avion ?

他坐什么车？

Vocabulaire de substitution

筷子 *kuàizi*	"baguette", peut être remplacé par les noms suivants, dans une phrase à structure identique	叉子 *chāzi* fourchette 刀子 *dāozi* couteau de table 勺子 *sháozi* cuillère

Exercice

Remplacez 中国人 *Zhōngguórén*, "Chinois", et 筷子 *kuàizi*, "baguette", dans la phrase suivante :

Les Chinois mangent avec des baguettes.	中国人 *Zhōngguórén*	用筷子 *yòng kuàizi*	吃饭。 *chī=fàn.*
L'écolier mange avec une cuillère.	小学生	用勺子	吃饭。
Les Occidentaux mangent avec une fourchette.	西方人 *Xīfangrén*	用叉子	吃饭。

他用刀叉吃饭吗？

父亲 *fùqīn*	"père", comporte le suffixe générique *qin*, utilisé pour les termes de parenté. Il peut être remplacé par les noms suivants dans une phrase à structure identique	母亲 *mǔqin* mère 父母 *fùmǔ* parents

Exercice

Remplacez 父亲 *fùqin*, "père", et 美国 *Měiguó*, "Etats-Unis", dans la phrase suivante :

Mon père va souvent aux Etats-Unis.	我父亲 *Wǒ fùqin*	常常 *chángchang*	去美国。 *qù Měigúo.*
Ma mère va souvent au marché.	我母亲	常常	去[2] 市场。 *shìchǎng.*
Mes parents vont souvent en Chine.	我父母	常常	去中国。

他们是谁？

[2] 去 *qù* suivi de 市场 *shìchǎng* peut être remplacé par 上 *shàng* (上市场 *shàng shìchǎng*, "aller au marché")

朋友 *péngyou*	"ami", est composé du sinogramme 朋 *péng*, "ami", et du sinogramme 友 *yǒu*, "ami". Il peut être remplacé par les noms suivants dans une phrase à structure identique	男朋友 *nán péngyou* petit ami 女朋友 *nǚ péngyou* petite amie 同事 *tóngshì* collègue 同学 *tóngxué* camarade de classe 同志 *tóngzhì* camarade (politique)

Exercice

Remplacez 哥哥 *gēge*, "grand frère", 中国 *Zhōngguó*, "Chine", et 朋友 *péngyou*, "ami", dans la phrase suivante :

Mon grand frère a un ami chinois.	我哥哥 *Wǒ gēge*	有 *yǒu*	一个中国朋友。 *yí-ge Zhōngguó péngyou.*
Ma grande soeur a un collègue japonais.	我姐姐	有	一个日本同事。
Mon amie a un camarade d'école américain.	我女朋友	有	一个美国同学。

他们是朋友吗？

饭 馆 *fànguǎn*	"restaurant", est composé de 饭 *fàn*, "nourriture", et de 馆 *guǎn*, suffixe générique des noms de lieux couverts . Il peut être remplacé, dans une phrase à structure identique, par les noms suivants	图书馆	*túshūguǎn*	bibliothèque
		旅馆	*lǔguǎn*	hôtel
		博物馆	*bówùguǎn*	musée
		大使馆	*dàshǐguǎn*	ambassade
		体育馆	*tǐyùguǎn*	stade couvert
		茶馆	*cháguǎn*	maison de thé
		咖啡馆	*kàfēiguǎn*	café

Exercice

Remplacez 饭 馆 *fānguǎn*, "restaurant", et 北 京 *Běijīng*, "Pékin", dans la phrase suivante :

A Pékin, les restaurants sont plutôt nombreux.	在 *Zài*	北京 *Běijīng*	饭馆 *fànguǎn*	不 *bù*	少。 *shǎo .*
A Paris les hôtels sont plutôt nombreux.	在	巴黎 *Bālí*	旅馆	不	少。
Ici, les ambassades sont plutôt nombreuses.	（在）[3]	这儿 *Zhèr*	大使馆	不	少。
En Chine, les maisons de thé sont plutôt nombreuses.	在	中国	茶馆	不	少。
Où les cafés sont-ils plutôt nombreux ?	（在）	哪儿 *nǎr*	咖啡馆	不	少？

[3] 在 *zài* est facultatif devant 这 儿 *zhèr*, 那 儿 *nàr* ou 哪 儿 *nǎr* lorsque le verbe n'est pas un verbe d'action.

Exemples : 这儿有茶馆 — *zhèr yǒu cháguǎn* — Ici - avoir - maison de thé — Il y a des maisons de thé ici

mais 他在这儿工作 — *Tā zài zhèr gongzuó* — lui - ZAI - ici - travailler — Il travaille ici

饺子 *jiǎozi*	"raviolis", est un nom de plat chinois (importé par Marco Polo en Europe). Il peut être remplacé, dans une phrase à structure identique, par les noms de plats ou d'aliment suivants :	

米饭	*mǐfàn*	riz
烤鸭	*kǎoyā*	canard laqué
古老肉	*gǔlǎoròu*	porc sucré
春卷儿	*chūnjuǎn'r*	rouleau de printemps [4]
包子	*bāozi*	petit pain farci cuit à la vapeur
馒头	*mántou*	petit pain cuit à la vapeur
肉	*ròu*	viande [5]
鱼	*yú*	poisson
菜	*cài*	légumes, plats
点心	*diǎnxīn*	dessert

Exercice

Remplacez 饺子 *jiǎozi*, "raviolis", dans la phrase suivante et profitez en pour retenir l'utilisation de 用 *yòng* :

Il sait manger les raviolis avec des baguettes.	他 *Tā*	会 *huì*	用 *yòng*	筷子 *kuàizi*	吃 *chī*	饺子。 *jiǎozi*.
Il sait manger les rouleaux de printemps avec des baguettes.	他	会	用	筷子	吃	春卷儿。 *chūnjuǎn'r*
Il sait manger avec des baguettes.	他	会	用	筷子	吃	饭。
Il sait manger le canard laqué avec des baguettes.	他	会	用	筷子	吃	烤鸭。
Il sait manger du poisson avec des baguettes.	他	会	用	筷子	吃	鱼。

[4] 春卷儿 *chūnjuǎn'r* signifie "rouleau (卷儿 *juǎn'r*) de printemps (春 *chūn*)". Au Viêtnam, il se mange cru. En Chine, il se mange chaud et légèrement doré.

[5] Dès lors qu'il s'agit de manger de la viande (肉 *ròu*), les Chinois précisent de laquelle il s'agit : 羊肉 *yángròu*, "mouton"; 牛肉 *niúròu*, "bœuf"; 猪肉 *zhūròu*, "porc"; 鸡肉 *jīròu*, "poulet".

Ping et Pang

第十一课

Onzième leçon

中国啤酒

你喝过中国茶吗？

我在法国天天喝一杯中国茶。

在中国可以喝啤酒，
你知道吗？

听说过。中国啤酒好喝吗？

中国啤酒很像德国的。
你会说德语吗？

不会。可是喝十瓶啤酒以后，
一定会说德语。

十一课 | *Onzième leçon*

中国啤酒

你喝过中国茶吗？

Nǐ hē-guo Zhōngguó chá ma ?

toi - boire - GUO - Chine - thé - *particule interrogative*

As-tu (déjà) bu du thé chinois ?

我在法国天天喝一杯中国茶。

Wǒ zài Fǎguó tiāntian hē yì-bēi Zhōngguó chá.

moi - en - France - tous les jours - boire - un - tasse (*spécificatif*) - Chine - thé

En France, je bois tous les jours une tasse de thé chinois.

在中国可以喝啤酒，你知道吗？

Zài Zhōngguó kěyǐ hē píjiǔ, nǐ zhīdao ma ?

en - Chine - pouvoir - boire - bière - toi - savoir - *particule interrogative*

En Chine, on peut boire de la bière, le sais-tu ?

听说过。中国啤酒好喝吗？

Tīngshuō-guo. Zhōngguó píjiǔ hǎohē ma ?

entendre dire - GUO - Chine - bière - bon à boire - *particule interrogative*

J'ai entendu dire cela. La bière chinoise est-elle bonne ?

中国啤酒很像德国的。你会说德语吗？

Zhōngguó píjiǔ hěn xiàng Déguó de. Nǐ huì shuō déyǔ ma ?

Chine - bière - très - ressembler - Allemagne - DE -
toi - savoir - parler - allemand - *particule interrogative*

La bière chinoise ressemble beaucoup à la bière allemande.
Sais-tu parler allemand ?

不会。可是喝十瓶啤酒以后，
一定会说德语。

Bú huì. Kěshì hē shí-píng píjiǔ yǐhòu yídìng huì shuō déyǔ !

négation - savoir - mais - boire - dix - bouteille (*spécificatif*) - bière -
après - certainement - savoir - parler - allemand

Non. Mais, une fois que j'aurai bu dix bouteilles de bière,
je saurai certainement parler allemand !

Vocabulaire

Sinogrammes	Transcription (pinyin)	Français	Catégorie grammaticale
喝	*hē*	boire	verbe d'action
茶	*chá*	thé	nom
天天	*tiāntian*	tous les jours	nom de temps
杯	*bēi*	verre de ...	spécificatif (des contenants)
啤酒	*píjiǔ*	bière	nom
知道	*zhīdao*	savoir	verbe (indiquant une activité mentale)
听说	*tīngshuō*	entendre dire	verbe d'action
好喝	*hǎohē*	bon (à boire)	verbe adjectival
像	*xiàng*	ressembler à	verbe
德语	*Déyǔ*	langue allemande	nom
可是	*kěshì*	mais	conjonction
瓶	*píng*	bouteille de ...	spécificatif (des contenants)
一定	*yídìng*	certainement	adverbe

他们喝什么？

Les spécificatifs 杯 *bēi* et 瓶 *píng*

Un certain nombre de spécificatifs chinois sont traduisibles en français. Ils indiquent en général des contenants ou des formes. Ils ont la particularité d'être repris dans la formation du nom indépendant correspondant.

Exemples : 一杯茶 → 一个杯子

yì-bēi chá — *yí-ge bēizi*

un - tasse (*spécificatif*) - thé — un - *spécificatif* - tasse

une tasse de thé — une tasse

两瓶啤酒 → 两个瓶子

liǎng-píng píjiǔ — *liǎng-ge píngzi*

deux - bouteille (*spécificatif*) - bière — deux - *spécificatif* - bouteille

deux bouteilles de bière — deux bouteilles

知道 / 会

ZHĪDAO / HUÌ

知道 *zhīdao* et 会 *huì* se traduisent tous deux par "savoir" ou "connaître".

知道 *zhīdao*, comme 会 *huì*, peut être suivi d'un complément d'objet. 会 *huì* indique que l'objet de la connaissance est le résultat d'un apprentissage ; 知道 *zhīdao* indique que l'objet de la connaissance est plus inné ou spontané.

Exemples : 工人会德语。

Gōngrén huì déyǔ.

ouvrier - savoir - allemand

L'ouvrier sait / connaît l'allemand.

我知道她的姓。

Wǒ zhīdao tā de xìng.

moi - connaître / savoir - elle - DE - nom de famille

Je connais son nom de famille.

Différences de construction :

1) 知 道 *zhīdao* peut entraîner une proposition coordonnée, ce qui est impossible avec 会 *huì*.

Exemples : 我 知 道 大 夫 是 中 国 人 。
Wǒ zhīdao dàifu shi Zhōngguórén.
moi - savoir - médecin - être - Chinois
Je sais que le médecin est Chinois.

妈 妈 不 知 道 明 年 爷 爷 不 来 法 国 。
Māma bù zhīdao míngnián yeye bù laí Fǎguó.
maman - *négation* - savoir - année prochaine - grand-père - *négation* - venir - France
Maman ne sait pas que grand-père ne viendra pas en France l'année prochaine.

2) A la différence de 会 *huì*, 知 道 *zhīdao* n'est pas un verbe auxiliaire. Il ne peut pas être suivi d'un autre verbe (Cf. leçon 10 page 119).

的
DE ou la reprise d'un nom

En chinois, il y a plusieurs façons de reprendre un nom cité auparavant sans toutefois le réutiliser. L'une d'elles est la suivante :
il suffit de le remplacer par la particule structurale 的 *de*, à condition que celle-ci soit précédée d'un adjectif déterminant (l'épithète du français)[1] ou d'un nom de pays.

Exemples : 英 国 茶 贵 。 中 国 的 不 贵 。
Yīngguó chá guì. Zhōngguó de bú guì.
Angleterre - thé - cher - Chine - DE - *négation* - cher
Le thé anglais est cher. Le (thé) chinois ne l'est pas.

旧 的 很 便 宜 。
jiù de hěn piányi.
vieux - DE - (très) - bon marché
Les vieux sont bon marché. (<u>*contexte*</u> *: on parle de livres, par exemple*)

[1] L'adjectif a deux fonctions en chinois : soit il a une fonction verbale (d'où l'appellation de "verbe adjectival"), soit il permet de déterminer un nom.

Transitivité des verbes

Certains verbes intransitifs en français sont transitifs en chinois. Nous avons vu, à la leçon 7, que les verbes de direction 来 *lai*, "venir", et 去 *qu*, "aller", étaient transitifs en chinois. Il en est de même pour 像 *xiàng*, "ressembler à".

Exemple : 姐 姐 很 像 妈 妈 。
Jiějie hěn xiàng māma.
soeur aînée - très - ressembler à - maman
Ma soeur aînée ressemble beaucoup à maman.

Remarque : dans la mesure où 像 *xiàng* peut être précédé de l'adverbe de degré 很 *hěn*, "très / beaucoup" et dans la mesure où les verbes d'action ne peuvent pas être précédés de 很 *hěn*, 像 *xiàng* ne peut pas être considéré comme verbe d'action ; nous verrons à la leçon 12 d'autres verbes pouvant être précédés de 很 *hěn*.

La conjonction et l'adverbe

Conjonctions et adverbes occupent des places différentes dans la phrase chinoise :

- 可 是 *kěshì*, "mais" (conjonction), s'utilise en début de proposition ;

- 一 定 *yídìng*, "certainement" (adverbe), - comme 非 常 *fēicháng*, "extrêmement", 也 *yě*, "également / aussi", etc (Cf. leçon 2) - s'emploie devant le verbe.

Exemple : 他 有 表 可 是 不 一 定 来 。
Tā yǒu biǎo kěshì bù yídìng lái.
lui - avoir - montre - mais - *négation* - certainement - venir
Il a une montre mais il ne viendra certainement pas.

Vocabulaire de substitution

茶 *chá* [2]	"thé", peut être remplacé, dans une phrase donnée, par tous les autres noms de boissons suivants :			
		酒	*jiǔ* [3]	vin / alcool
		水	*shuǐ* [4]	eau
		汽水	*qìshuǐ*	limonade
		汁	*zhī* [5]	jus
		咖啡	*kāfēi*	café
		可口可乐	*kěkǒu kělè*	coca cola
		牛奶	*niúnǎi*	lait
		啤酒	*píjiǔ*	bière
		香槟酒	*xiāngbīnjiǔ*	champagne

---

[2] 茶 *chá* se renconte souvent avec les adjectifs déterminants suivants :

花茶	*huāchá*,	"thé au jasmin" (花 *huā* "fleur")
红茶	*hóngchá*	"thé noir" (红 signifiant en fait "rouge")
绿茶	*lǜchá*	"thé vert"

[3] 酒 *jiǔ*, "vin / alcool", peut être précédé de :

红	*hóng*,	"rouge"		红酒	*hóngjiǔ*,	"vin rouge"
白	*bái*,	"blanc"	→	白酒	*báijiǔ*,	"vin blanc"
黄	*huáng*,	"jaune"		黄酒	*huángjiǔ*,	"alcool chinois de couleur jaune"
葡萄	*pútao*,	"raisin"		葡萄酒	*pútaojiǔ*,	"vin de raisin"

[4] 水 *shuǐ*, "eau", se rencontre en composition dans les mots suivants :

水果	*shuǐguǒ*,	"fruit"
开水	*kāishuǐ*,	"eau bouillante" (les Chinois la boivent ainsi)
凉开水	*liángkāishuǐ*,	"eau fraîche" (mais bouillie auparavant)
自来水	*zìláishuǐ*,	"eau courante"
桔子水	*júzishuǐ*,	"soda" (桔子 *júzi* signifie "mandarine")

[5] 汁 *zhī*, "jus" peut être précédé de tous les noms de fruits :

苹果	*píngguǒ*,	"pomme"		苹果汁	*píngguǒzhī*,	"jus de pomme"
香蕉	*xiāngjiāo*,	"banane"	→	香蕉汁	*xiāngjiāozhī*,	"jus de banane"
水果	*shuǐguǒ*,	"fruit"		果汁	*guǒzhī*,	"jus de fruit"

Exercice

Remplacez 飞行员 *fēixíngyuán*, "aviateur", et 一杯水 *yi-bēi*[6] *shuǐ*, "un verre d'eau", dans la phrase suivante :

L'aviateur boit tous les jours un verre d'eau.	飞行员 *Fēixíngyuán*	天天 *tiāntian*	喝 *hē*	一杯水。 *yì-bēi shuǐ.*
Grand-mère paternelle boit tous les jours deux tasses de thé.	奶奶 *Nǎinai*	天天	喝	两杯茶。
Petit frère boit tous les jours une bouteille de soda.	弟弟 *Dìdi*	天天	喝	一瓶桔子水。
L'ouvrier français boit tous les jours un verre de vin rouge.	法国工人	天天	喝	一杯红酒。
Le paysan boit tous les jours de l'eau fraîche.	农民 *Nóngmín*	天天	喝	凉水。
Les Américains boivent tous les jours une bouteille de coca-cola.	美国人	天天	喝	一瓶可口可乐。
Je bois tous les jours du café.	我	天天	喝	咖啡。

[6] "tasse" ou "verre" se traduisent indifféremment par le spécificatif 杯 *bēi*.

好 喝 *hǎohē*	"bon (à boire)", est formé de 好 *hǎo*, "bon / être bon", et du verbe d'action 喝 *hē*, "boire"[7]. Il peut être remplacé, dans une phrase à structure identique, par les verbes adjectivaux suivants, formés de la même façon :	好吃 *hǎochī* bon (à manger) 好看 *hǎokàn* beau (bon à regarder) 好听 *hǎotīng* joli, beau (bon à entendre) 难看 *nánkàn* laid, vilain (difficile à regarder) 难听 *nántīng* inaudible (difficile à entendre)

Exercices

1. Remplacez 中国 *Zhōngguó*, "Chine", 吃 *chī*, "manger", et 包子 *bāozi*, "petit pain farci", dans la phrase suivante :

Il a mangé de bons petits pains farcis en Chine.	他 *Tā*	在中国 *zài Zhōngguó*	吃过 *chī-guo*	好吃的包子。 *hǎochī de bāozi.*
Il a vu de jolis enfants au Japon.	他	在日本	看过	好看的孩子。 *háizi*
Il a vu un vilain animal au zoo.	他	在动物园 *dòngwuyuan*	看过	难看的动物。
Il a bu une bonne bière en Chine.	他	在中国	喝过	好喝的啤酒。
Il a entendu là-bas un joli chant.	他	在那儿 *nàr*	听过	好听的歌。 *gē*

2. Mariez les mots de gauche avec les mots de droite. Vous aurez un mot à introduire à chaque fois. Lequel ?

好听	车
难看	酒
好喝	中国歌儿

[7] Pour qualifier une boisson, 好 *hǎo*, "bon", ne suffit pas.

德 语 *déyǔ*	représente la langue allemande : 德 *dé* évoque le nom du pays et 语 *yǔ* est le suffixe générique des langues (plutôt orales qu'écrites). Dans une phrase donnée, il peut être remplacé par les autres noms de langue suivants	

汉 语	*hànyǔ* [8]	chinois
法 语	*fǎyǔ*	français
英 语	*yīngyǔ*	anglais
西 班 牙 语	*xībānyáyǔ*	espagnol
意 大 利 语	*yìdàlìyǔ*	italien
俄 语	*éyǔ*	russe
日 语	*rìyǔ*	japonais

Exercice

Remplacez 法 国 记 者 *Fǎguó jìzhě*, "journaliste français", et 英 语 *yīngyǔ*, "anglais", dans la phrase suivante :

Les journalistes français savent parler anglais ; les journalistes chinois aussi.	法 国 记 者 *Fǎguó jìzhě*	会 *huì*	说 *shuō*	英 语 ， *yīngyǔ ,*	中 国 的 *Zhōngguó de*	也 *yě*	会 。 *huì.*
Les étudiants japonais savent parler français ; les étudiants chinois aussi.	日 本 大 学 生	会	说	法 语 ，	中 国 的	也	会 。
Les aviateurs américains savent parler russe ; les aviateurs espagnols aussi.	美 国 飞 行 员 *fēixíngyuán*	会	说	俄 语 ，	西 班 牙 的	也	会 。
Les lycéens italiens savent parler français ; les espagnols aussi.	意 大 利 中 学 生	会	说	法 语 ，	西 班 牙 的	也	会 。
Les chauffeurs français savent parler japonais ; les anglais aussi.	法 国 司 机 *sījī*	会	说	日 语 ，	英 国 的	也	会 。

[8] 汉 *Hàn* est le nom d'une dynastie très brillante qui a régné en Chine (206 av. J.-C. - 220 ap. J.-C.) ; par extension,汉 *Hàn* signifie chinois (race et langue).

Ping et Pang

第十二课

Douzième leçon

在饭馆儿

山东饭馆在哪儿？

你看，山东饭馆就在这儿。
我们去吧！

....

请进，请进，...请坐。

这儿可以抽烟吗？
窗户旁边儿有没有座位？

有。你们两位吃点什么？
...这是菜单。

今天有没有饺子？
我很想吃饺子。

先来两份饺子吧！
后上菜吧！

第十二课 — *Douzième leçon*

在饭馆儿

山东饭馆在哪儿？

Shāndōng fànguǎn zài nǎr ?

Shandong - restaurant - se trouver - où ?

Où se trouve le restaurant du Shandong ?

你看，山东饭馆就在这儿。我们去吧！

Nǐ kàn, Shāndōng fànguǎn jiù zài zhèr. Wǒmen qù ba !

toi - regarder - Shandong - restaurant - alors - se trouver - là-bas - nous - aller - *marque de l'impératif*

Regarde, le restaurant du Shandong est juste là. Allons-y !

. . . .

请进，请进，. . . 请坐。

Qǐng jìn, qǐng jìn, ... Qǐng zuò.

prier - entrer - prier - entrer - prier - asseoir

Entrez, entrez ... Asseyez-vous, je vous prie.

这儿可以抽烟吗？

窗户旁边儿有没有座位？

Zhèr kěyǐ chōu yān ma ? Chuānghu pángbian'r yǒu méi yǒu zuòwèi ?

ici - pouvoir - fumer (tirer=fumée) - *particule interrogative* -

fenêtre - à côté - avoir - *négation* - avoir - place

Peut-on fumer ici ? Y a-t-il des places à côté de la fenêtre ?

有。你们两位吃点什么？. . . 这是菜单。

Yǒu. Nǐmen liǎng-wèi chī diǎn shénme ? ... Zhè shi càidān.

avoir - vous - deux - *spécificatif* - manger - un peu-quoi ? - ceci - être - menu

Oui. Que choisissez-vous l'un et l'autre ? ... Voici le menu.

今天有没有饺子？我很想吃饺子。

Jīntiān yǒu méi yǒu jiǎozi ? Wǒ hěn xiǎng chī jiǎozi.

Aujourd'hui - avoir - *négation* - avoir - ravioli - moi - très - penser - manger - raviolis

Y a-t-il des raviolis aujourd'hui ? Je pense bien manger des raviolis.

先来两份饺子吧！后上菜吧！

Xiān lái liǎng-fèn jiǎozi ba ! Hòu shàng cài ba !

d'abord - apporter - deux - portion (*spécificatif*) - ravioli - *marque de l'impératif* - ensuite - apporter - plats - *marque de l'impératif*

Apportez d'abord deux portions de raviolis ! Après quoi apportez-nous le reste (les plats).

Vocabulaire

Sinogrammes	Transcription (pinyin)	Français	Catégorie grammaticale
山东	*Shāndōng*	Shandong (province du)	nom de lieu
在	*zài*	se trouver	verbe d'existence
就	*jiù*	alors	adverbe
吧！	*ba*	(marque de l'impératif)	particule modale
进	*jìn*	entrer	verbe de déplacement
坐	*zuò*	asseoir / s'asseoir	verbe de geste
抽烟	*chōu=yān*	fumer	verbe-objet
窗户	*chuánghu*	fenêtre	nom
旁边儿	*pángbian'r*	à côté	suffixe de localisation ou nom de lieu
座位	*zuòwèi*	place	nom
位	*wèi*	(unité de compte des personnes respectables)	spécificatif
菜单	*càidān*	menu / carte	nom
想	*xiǎng*	penser	verbe d'état mental
先	*xiān*	d'abord	conjonction de temps
来	*lái*	apporter	*(ici)*, verbe de geste
份	*fèn*	portion (de)	spécificatif
后	*hòu*	après	conjonction de temps
上	*shàng*	apporter	*(ici)*, verbe de geste
菜	*cài*	1) plats [1] 2) légumes (Cf. leçon 10)	nom

[1] plats = tout le contenu d'un repas, même la boisson.

在
ZÀI

在 *zài* peut être :

- soit une **préposition** et former, avec le nom de lieu qu'elle introduit, un complément circonstanciel de lieu
(Cf. leçon 9 page 103).

Exemple : 哥哥在中国学汉语。
Gēge zài Zhōngguó xué hànyǔ
grand frère - en - Chine - apprendre - chinois
Mon grand frère apprend le chinois en Chine.

- soit un **verbe** signifiant "se trouver". Dans ce cas, il est toujours suivi d'un nom de lieu (comprenant un suffixe de localisation ou pas).

Exemples : 爷爷今年在中国。
Yéye jīnnián zài Zhōngguó.
grand père - cette année - se trouver - Chine
Mon grand père est en Chine cette année.

书在电视机旁边儿。
Shū zài diànshìjī pángbian'r.
livre - se trouver - téléviseur - à côté
Le livre est à côté du téléviseur.

Remarque : on entend par **nom de lieu** :

- un nom de pays ou tout nom de lieu, qu'il soit ou non suivi par un suffixe de localisation.
Exemple : 学校外 *xué xiào-wai*, "à l'extérieur de l'école".

- un nom de chose ou d'objet qui est, dans ce cas, toujours suivi d'un suffixe de localisation.
Exemple : 书下 *shū-xia*, "sous le livre".

就
JIÙ

就 *jiù* est un adverbe qui indique ici que la distance évaluée par le locuteur est courte. Il précède généralement le verbe 在 *zài*, "se trouver".

Exemple : 旅 馆 就 在 这 儿 !
Lǚguǎn jiù zài zhèr !
hôtel - alors - se trouver - ici
C'est l'hôtel ! (ça y est ! On est arrivé !)

吧 !
BA particule modale

吧 *ba* est une particule modale placée en fin de phrase qui indique l'impératif. Le sujet peut figurer en chinois.

Exemple : 你 吃 （饭） 吧 !
Nǐ chī (=fàn) ba !
toi - manger - *marque de l'impératif*
Mange !

旁 边 儿
PÁNGBIAN'R

旁 边 儿 *pángbian'r* est un suffixe de localisation et signifie "à côté". Contrairement à 上 边 儿 *shàngbian'r*, "au-dessus / sur", 下 边 儿 *xiàbian'r*, "en dessous / sous", 里 边 儿 *lǐbian'r*, "à l'intérieur / dans", et 外 边 儿 *wàibian'r*, "à l'extérieur / hors de", qui peuvent s'abréger en 上 *shàng*, 下 *xià*, 里 *lǐ* et 外 *wài*, 旁 边 儿 *pángbian'r* ne s'abrège pas.

Sous leurs formes complètes, 上 边 儿 *shàngbian'r*, 下 边 儿 *xiàbian'r*, 里 边 儿 *lǐbian'r*, etc ... peuvent être des noms de lieu et occuper la fonction sujet ou celle d'objet.

Exemples : 里 边 儿 很 新 。
Lǐbian'r hěn xīn.
intérieur - très - neuf
L'intérieur est neuf.

我看外边儿。
Wǒ kàn wàibian'r.
moi - regarder - extérieur
Je regarde dehors.

Liste des autres suffixes de localisation pouvant également servir de noms de lieu :

			Abréviation
前边儿	*qiánbian'r*	devant	前
后边儿	*hòubian'r*	derrière	后
右边儿	*yòubian'r*	à droite / la droite	右
左边儿	*zuǒbian'r*	à gauche / la gauche	左
东边儿	*dōngbian'r*	à l'est	moins fréquente
南边儿	*nánbian'r*	au sud	"
西边儿	*xībian'r*	à l'ouest	"
北边儿	*běibian'r*	au nord	"

Remarques : - il s'agit ci-dessus de mots utilisés par rapport à un référant de localisation. Les Chinois vont même jusqu'à désigner leur propre présence comme référant de localisation. Lorsqu'ils indiquent le chemin, ils emploient volontiers 西边儿 *xībian'r*, "à l'ouest", 东边儿 *dōngbian'r*, "à l'est", comme nous emploierions "à droite" et "à gauche" (par rapport à nous).

- lorsqu'il s'agit de désigner réellement des régions, on emploie les mots suivants :

东部	*dōngbù*	l'est
东方	*dōngfāng*	l'est / l'orient
南部	*nánbù*	le sud
南方	*nánfāng*	le sud / le midi
西部	*xībù*	l'ouest
西方	*xīfāng*	l'ouest / l'occident
北部	*běibù*	le nord
北方	*běifāng*	le nord

En chinois, l'axe 'est - ouest' sert de point de départ pour les orientations mixtes. Ainsi :

东南 *dōngnán* signifiera "le sud-est",
西北 *xīběi* signifiera "le nord-ouest", etc.

Suppression du nom

En situation, il n'est pas nécessaire de faire suivre le spécificatif par un nom.

Exemples :

(on parle de livres)

我有三本。
Wǒ yǒu sān-běn.
moi - avoir - trois - *spécificatif*
J'en ai trois.

(on parle de baguettes)

请你来一双。
Qǐng nǐ lái yì-shuāng.
prier - toi - apporter - un - paire
Apporte-moi une paire (de baguettes).

(on parle de clients dans un restaurant)

你们几位？
Nǐmen jǐ-wèi ?
vous - combien ? - *spécificatif*
Combien êtes-vous ?

想
XIǍNG

1) 想 *xiǎng*, "penser", fait partie des verbes qui indiquent un état psychologique ou mental. On compte parmi ces derniers :

喜欢	*xǐhuan*	bien aimer
爱	*ài*	aimer
恨	*hèn*	détester

A la différence des verbes d'action, ils peuvent être précédés des adverbes de degré (很 *hěn*, "beaucoup / bien / très", 非常 *fēicháng*, "extrêmement", etc).

Exemples : 她很想奶奶。
Tā hěn xiǎng nǎinai.
elle - beaucoup - penser - grand-mère maternelle
Elle pense beaucoup à sa grand-mère paternelle.

她非常爱她姥姥。
Tā fēicháng ài tā lǎolao.
elle - extrêmement - aimer - elle - grand-mère maternelle
Elle aime énormément sa grand-mère maternelle.

2) 想 *xiǎng*, tout comme 希望 *xīwàng*, "espérer", ou 打算 *dǎsuàn*, "avoir l'intention de, compter faire quelque chose", ou 爱 *ài*, "aimer", etc ... peut être considéré comme verbe auxiliaire dans la mesure où il est suivi par un autre verbe.

Exemples : 今年我很想去中国，你呢？
Jīnnián wǒ hěn xiǎng qù Zhōngguó, nǐ ne ?
cette année - moi - beaucoup - penser - aller - Chine - toi - *particule semi-interrogative*
Je pense aller en Chine cette année ; et toi ?

我们打算买汽车。
Wǒmen dǎsuàn mǎi qìchē.
nous - compter - acheter - voiture
Nous comptons acheter une voiture.

3) Comme 知道 *zhīdao*, "savoir, connaître (quelque chose)" (Cf. leçon 11 page 132) et les verbes suivants :

认为	*rènwéi*	"estimer que ..., croire que ..."
以为	*yǐwéi*	"estimer (à tort) que ..., croire (à tort) que ..."
觉得	*juéde*	"trouver que ..."
希望	*xīwàng*	"espérer que ..."

想 *xiǎng* peut être suivi par une proposition.

Exemples : 他想这本书很贵。
Tā xiǎng zhè-běn shū hěn guì.
lui - penser - ce-ci - SP - livre - (très) - cher
Il pense que ce livre est cher.

我觉得中国茶不贵。
Wǒ jué de Zhōngguó chá bú guì.
moi - trouver - Chine-thé - *négation* - cher
Je trouve que le thé chinois n'est pas cher.

老师希望我们今年能去中国。
Lǎoshī xīwàng wǒmen jīnnián néng qù Zhōngguó.
professeur - espérer - nous - cette année - pouvoir - aller - Chine
Le professeur espère que nous pourrons aller en Chine cette année.

我认为他是好人。
Wǒ rènwéi tā shi hǎorén.
moi - estime que - lui - être - homme de bien
J'estime que c'est quelqu'un de bien.

先 后
XIĀN / HÒU

先 *xiān,* "d'abord" et 后 *hòu,* "après, ensuite" s'emploient simultanément dans une phrase pour indiquer la hiérarchie de deux actions verbales sur l'axe du temps. Ils ont une fonction adverbiale et s'emploient avant le verbe.

Exemple : 你 先 去 火 车 站 ， 后 去 飞 机 场 。
Nǐ xiān qù huǒchēzhàn, hòu qù fēijīchǎng.
toi - d'abord - aller - gare - après - aller - aéroport
Tu vas d'abord à la gare et ensuite à l'aéroport.

来
LÁI

来 *lái*, étudié à la leçon 7, est un verbe de direction transitif qui indique l'idée de rapprochement et qui signifie "venir".

Il a également le sens de "apporter" et est souvent employé dans les phrases d'ordre.

Exemple : 请 你 来 一 瓶 啤 酒 。
Qǐng nǐ lái yì-píng píjiǔ.
prier - toi - apporter - un - bouteille (*spécificatif*) - bière
Je vous prie d'apporter une bouteille de bière
ou :
Apportez-moi, s'il vous plaît, une bouteille de bierre.

Vocabulaire de substitution

山东 *Shāndōng*	est un nom de province. Il est composé de 山 *shān*, "montagne", et de 东 *dōng*, "l'est". En Chine, les noms de province renvoient souvent aux points cardinaux et aux noms de topographie[2].	

山西	*Shānxi*	山	*shān*	montagne
		西	*xī*	est
河北	*Héběi*	河	*hé*	fleuve
		北	*bě i*	nord
河南	*Hénán*	河	*hé*	fleuve
		南	*nán*	sud
湖北	*Húběi*	湖	*hú*	lac
		北	*bě i*	nord
广东	*Guǎngdōng*	广	*guǎng*	spacieux
		东	*dōng*	est
广西	*Guǎngxī*	广	*guǎng*	spacieux
		西	*xī*	ouest

Exercices

1. Remplacez 山东 *Shāndōng*, "Shāndōng", et 饺子 *jiǎozi*, "ravioli", dans la phrase suivante :

Les habitants du Shāndōng aiment manger des raviolis.	山东人 *Shāndōngrén*	喜欢 *xǐhuān*	吃 *chī*	饺子。 *jiǎozi.*
Les Cantonais aiment manger du poisson.	广东人	喜欢	吃	鱼。 *yú*
Qu'aiment manger les habitants du Hubei ?	湖北人	喜欢	吃	什么？ *shénme ?*
Les habitants du Henan aiment manger des petits pains.	河南人	喜欢	吃	馒头。 *mántou*

2. Répondre aux questions suivantes :

a) 广东在中国的南部 吗?

b) 北京 在 哪 儿?

c) 法国 在 欧 洲 西 部， 是不是?

[2] Cf carte en fin de l'ouvrage

窗 户 *chuānghu*	"fenêtre", peut être remplacé par les noms suivants afférant à la maison

门	*mén*	porte
大 门	*dàmén*	porte principale
后 门	*hòumén*	porte de service
楼 梯	*lóutī*	escalier
电 梯	*diàntī*	ascenseur
墙	*qiáng*	mur

Exercice

Remplacez 窗 户 *chuānghu*, "fenêtre", 旁 边 儿 *pángbian'r*, "à côté", et 门 *mén*, "porte", dans la phrase suivante :

A côté de la fenêtre, il y a une porte.	窗 户 *Chuānghu*	旁 边 儿 *pángbian'r*	有 *yǒu*	门 。 *mén.*
Devant la porte, il y a un ascenseur.	门	前 边 儿	有	电 梯 。
A droite du restaurant, il y a une maison de thé.	饭 馆	右 边 儿	有	茶 馆 。
Au nord de la gare, il y a l'aéroport.	火 车 站	北 边 儿	有	飞 机 场 。 *chǎng .*

这儿有楼梯吗？

EXERCICES D'APPROPRIATION

Leçons 10-11-12

1. Introduisez le mot mis entre parenthèses dans les phrases suivantes:
a) 他 会 写 字。(毛笔)
b) 谁 会 唱 歌？ (美国)
c) 看 书 很好。(中文)
d) 我不说话。(北京)

2. Remplacez les 'blancs' par le mot approprié.
a) 你____去 过中 国 吗? (不，没)
b) 你去_____? (哪儿，那儿)
c) 很____有 机 会 去 那 儿。(多，少)
d) 早 上 我___ 吃 早 饭， ___ 去 学 校。(先，后)
e) 菜 单 在_____? (哪儿，这儿)

3. Remplacez les 'blancs' par 会 ou 知 道:
a) 中 国 人 都____骑 自 行 车。
b) 谁______老 师 在 哪 儿?
c) 你____作 什 么?
d) 没 有 人____他 没 有 钱。
e) 日 本 人 也____用 筷 子 吃 饭。

4. Mettez à la place de 的 un mot de votre choix.
a) 中 国 的 很 好 看。
b) 他 有 一 本 日 本 的。
c) 美 国 的 很 贵。
d) 新 的 不 便 宜。

5. Mettre dans l'ordre les mots suivants de manière à obtenir des énoncés corrects:
a) 汉 语，法 国，可 以，在，学
b) 今 天，妈 妈， 巴 黎，在
c) 电 脑，电话 机， 旁 边 儿，在
d) 外边儿，咖 啡 馆，在，学 校

Ping et Pang

第十三课

Treizième leçon

新买的房子

来看看我们新买的房子。

你房子离这儿近吗？

很近。我们走路去。

这是客厅，客厅旁边是饭厅。

这个房间不小。厨房在哪儿？

厨房就在这儿...
里边儿的房间是我们的卧室。

还有女儿的、浴室和厕所。你要洗洗手吗？

你的房子不错。天气好的时候还可以在花园里吃饭！

第十三课 Treizième leçon

新买的房子

来看看我们新买的房子。
Lái kàn kan wǒmen xīn mǎi de fángzi.
venir - voir - voir - nous - nouvellement - acheter - DE - maison
Viens jeter un coup d'oeil sur la maison que nous venons d'acheter.

你房子离这儿近吗？
Nǐ fángzi lí zhèr jìn ma ?
toi - maison - par rapport à - ici - proche - *particule interrogative*
Ta maison est-elle près d'ici ?

很近。我们走路去。
Hěn jìn. Wǒmen zǒu lù qù.
très - proche - nous - marcher - route - aller
Très près. Nous y allons à pied.

. . . .

.这是客厅，客厅旁边是饭厅。
Zhè shi kètīng, kètīng pángbian shi fàntīng.
ceci - être - salon - salon - à côté - être - salle-à-manger
C'est le salon ; à côté du salon, il y a la salle-à-manger.

这个房间不小。厨房在哪儿？
Zhè-ge fángjiān bù xiǎo. Chúfáng zài nǎr ?
ce - SP - pièce - *négation* - petit - cuisine - se trouver - où ?
Cette pièce n'est pas petite. Où se trouve la cuisine ?

厨房就在这儿...
里边儿的房间是我们的卧室。
Chúfáng jiù zài zhèr ... Lǐbian'r de fángjiān shi wǒmen de wòshì.
Cuisine - alors - se trouver - ici - à l'intérieur - DE - pièce - être - nous - DE - chambre
La cuisine est ici ... La pièce du fond est notre chambre à coucher.

还有女儿的、浴室和厕所。你要洗洗手吗？
Hái yǒu nǚ'ér de, yùshì hé cèsuǒ. Nǐ yào xǐ xi shǒu ma ?
encore - avoir - fille - DE - salle de bain - et - toilettes
toi - vouloir - laver - laver - main - *particule interrogative*
Il y a encore celle de notre fille, une salle de bain et des toilettes.
Veux-tu te laver les mains ?

你的房子不错。
天气好的时候还可以在花园里吃饭！
Nǐ-de fángzi búcuò. Tiānqì hǎo de shíhou hái kěyǐ zài huāyuán-li chī=fàn !
toi - DE - maison - bien - temps - être bien / beau - DE - moment
encore - pouvoir - dans - jardin - manger
Ta maison est bien. Et quand il fait beau, tu peux encore manger dans le jardin !

Vocabulaire

Sinogrammes	Transcription (pinyin)	Français	Catégorie grammaticale
新	*xīn*	1) neuf, nouveau 2) nouvellement	verbe adjectival adverbe
房子	*fángzi*	maison	nom
离	*lí*	par rapport à	préposition
近	*jìn*	proche	verbe adjectival
走	*zǒu*	marcher	verbe de mouvement
路	*lù*	route	nom
客厅	*kètīng*	salon	nom de lieu
饭厅	*fàntīng*	salle-à-manger	"
房间	*fángjiān*	pièce	"
厨房	*chúfáng*	cuisine	"
女儿	*nǚ'ér*	fille	nom
浴室	*yùshì*	salle de bain	nom de lieu
厕所	*cèsuǒ*	W.C.	"
洗脸	*xǐ=liǎn*	se laver	verbe - objet
手	*shǒu*	main	nom
不错	*búcuò*	bien / être bien	verbe adjectival
天气	*tiānqì*	temps (météorologique)	nom
时候	*shíhou*	moment	nom de temps
还	*hái*	encore	adverbe additif

看看
KÀN KAN

Le redoublement du verbe s'emploie en chinois pour une action verbale atténuée.

Dans les phrases d'ordre, il signifie que le locuteur exhorte à la réalisation d'une action mais sans insister.

一 *yī* est souvent inséré entre les deux verbes.

Exemples : 你吃一吃。
Nǐ chī yì chī !
toi - manger - un - manger
Mange un peu !

Remarque : en contexte, le complément d'objet obligatoire 饭 *fàn* n'est pas nécessaire.

你去洗一洗手！
Nǐ qù xǐ yì xǐ shǒu !
toi - aller - laver - un -laver - main
Va donc te laver les mains !

La proposition déterminante

的 *de*, marque de la relation déterminant-déterminé, est aussi employé pour relier une proposition déterminante à un mot principal.

Nous avons déjà rencontré son utilisation :

1) dans l'expression de la possession :

Exemples : 老师的毛笔
lǎoshī de máobǐ
professeur - DE - pinceau
le pinceau du professeur

他的汽车
tā de qìchē
lui - DE - voiture
sa voiture

2) lorsque le déterminant est un adjectif dissyllabique (Cf. leçon 10 page 118) :

Exemple : 聪明的学生
cóngming de xuésheng
intelligent - DE - élève
un élève intelligent

3) lorsqu'il remplace un nom, après un adjectif ou un nom de pays :

Exemple : 中国茶不贵，英国的贵。
Zhōngguó chá bú guì, Yīngguó de guì.
Chine - thé - *négation* - être cher - Angleterre - DE - être cher
Le thé chinois n'est pas cher, l'anglais l'est.

Enfin, 的 *de* est employé pour relier une proposition déterminante à un mot principal.

Exemples : 他买的汽车不贵。
Tā mǎi de qìchē bú guì.
lui - acheter - DE - voiture - *négation* - être cher
La voiture qu'il a achetée n'est pas chère.

他买的报是中国的。
Tā mǎi de bào shi Zhōngguó de.
lui - acheter - DE - journal - être - Chine - DE
Les journaux qu'il achète sont chinois.

Remarque : le mot principal peut être omis.

Exemple : 他卖的是中国的。
Tā mài de shi Zhōngguó de.
lui - vendre - DE - être - Chine - DE
Ceux qu'ils vend sont chinois.

Remarque : dans les exemples cités précédemment, la proposition déterminante correspond à une proposition relative en français ; mais elle peut aussi correspondre à :

- une proposition circonstancielle de temps lorsque le mot principal est 时候 *shíhou*, "moment".

  Exemple : 大夫来的时候，他不在。
  Dàifu lái de shíhou, tā bú zài.
  médecin - venir - DE - moment - lui - *négation* - se trouver
  Quand le médecin est venu, il n'était pas là.

- une proposition circonstancielle de lieu.

  Exemple : 我去的中国饭馆不贵。
  Wǒ qù de Zhōngguó fànguǎn bú guì.
  moi - aller - DE - Chine - restaurant - *négation* - être cher
  Le restaurant chinois où je vais n'est pas cher.

新

XĪN adjectif et adverbe

新 *xīn*, "neuf, nouveau", fait partie des adjectifs qui peuvent avoir un emploi adverbial.

Exemple : 意大利学生是新来的。
Yìdàlì xué sheng shì xīn lái de.
Italie - élève - être - nouvellement - venir - DE
Les étudiants italiens sont nouvellement arrivés.

Remarque : toute absence de nom après 的 *de* renvoie à la personne ou à l'objet dont on parle. Ici, on parle des étudiants italiens ; la phrase complète serait donc celle-ci :

Exemple : 意大利学生是新来的学生。
Yìdàlì xué sheng shì xīn lái de xué sheng.
Italie - étudiant - être - nouvellement - venir - DE - étudiant
Les étudiants italiens sont des étudiants qui sont arrivés nouvellement.

L'analyse d'une phrase chinoise consiste à repérer les groupes de mots selon les fonctions qu'ils jouent dans la phrase (sujet - verbe - complément - etc) et à en dégager le mot principal. 的 *de* est le point de repère par excellence pour indiquer que le mot suivant est le mot principal (mot parfois absent qu'il faut alors rétablir mentalement).

离

LÍ

离 *lí*, "par rapport à", est une préposition qui sert à indiquer une distance entre un nom de lieu **L**, situé avant 离 *lí*, et un nom de lieu **L'**, situé après 离 *lí*. L'ensemble **L** 离 **L'** se met avant les verbes adjectivaux 近 *jìn*, "près / proche", ou 远 *yuǎn*, "loin / éloigné".

Exemple : 北京离巴黎远不远？
Běijīng lí Bālí yuǎn bù yuǎn ?
Pékin - par rapport à - Paris - loin - *négation* - loin
Est-ce que Pékin est loin de Paris ?

走路
ZǑU = LÙ

走路 *zǒu=lù*, "à pied" (le mot-à-mot serait : "marcher - route"), est employé ici en tant qu'adverbe de manière : 走路 *zǒu=lù* (qui est un verbe - objet, cf. leçon 5, page 4) se place avant 来 *lái* ou 去 *qù*.

Exemple : 早上小学生走路去学校
Zǎoshang xiǎoxué shēng zǒu=lù qù xué xiao.
matin - écolier - à pied - aller - école
Le matin, l'écolier va à pied à l'école.

"en voiture"	se dira	坐车	*zuò chē*
"en train"	se dira	坐火车	*zuò huǒchē*
"en avion"	se dira	坐飞机	*zuò fēijī*
"en bateau"	se dira	坐船	*zuò chuán*
"à bicyclette"	se dira	骑自行车	*qí zìxíngchē*
"à cheval"	se dira	骑马	*qí mǎ*

Exemple : 小的时候，爷爷骑马去学校。
Xiǎo de shíhou, yé ye qí mǎ qù xué xiao.
petit - DE - moment - grand-père - monter - cheval - aller - école
Quand il était petit, grand-père paternel allait à l'école à cheval.

还 et 又
HÁI et YÒU

还 *hái* est un adverbe additif qui indique l'adjonction d'un état, d'une qualité ou d'une action supplémentaire. 还 *hái* peut se traduire par "encore", "aussi", "en plus", et a une valeur d'insistance.

Exemples : 日本人还要去美国。
Rìběnrén hái yao qù Měiguó.
Japonais - en plus - vouloir aller - Etats-Unis
Les Japonais veulent, en plus, aller aux Etats-Unis.

他还好。
Tā hái hǎo.
lui - encore - bien
Il est plutôt bien.

Note : Parmi les verbes qui ont un emploi additif, il y a 又 *yoù*, employé seul ou répété.

a) 又 *yoù* employé seul. Il se traduit par "en plus" et sert à enrichir une argumentation.

Exemple : 今 天 天 气 很 好 又 没 有 风 。
Jīntiān tiānqì hěn hǎo yoù méi yoǔ fēng.
Aujourd'hui - temps - très - bien - en plus - *négation* - aussi - vent
Aujourd'hui il fait beau et en plus il n'y a pas de vent.

b) 又 *yoù* répété. Dans ce cas 又 *yoù* précède deux verbes - généralement adjectivaux ou d'existence (是 *shì*, 又 *yòu*). Seul le deuxième 又 *yòu* est généralement traduit (par "et aussi ...").

Exemples : 他 又 是 记 者 又 是 翻 译 。
Tā yòu shì jìzhě yoù shì fānyì.
lui - et aussi - être - journaliste - et aussi - être - traducteur
Il est journaliste et aussi traducteur.

她 又 聪 明 又 好 看 。
Tā yòu cóngming yòu hǎokàn.
elle - également - intelligent - et aussi - joli
Elle est à la fois intelligente et jolie.

不错
BÚCUÒ

不错 *búcuò* n'a pas de forme positive correspondante. 错 *cuò* signifie "mal / faux" mais n'est jamais employé de manière isolée.
不错 *búcuò* est une expression figée souvent employée lorsqu'on donne son avis.

Exemples : 这 本 书 好 吗 ?
Zhè běn shū hǎo ma ?
ce - SP - livre - bien - *particule interrogative*
Ce livre est-il bien ?

不 错 !
búcuò !
négation - mal
Pas mal !

他的工作还不错 。
Tā de gōngzuò hái bú cuò .
Lui - DE - travail - encore - *négation* - mal
Son travail est plutôt bon .

Vocabulaire de substitution

房子 *fángzi*	"maison", comprend le suffixe nominal 子 *zi*[1]. Ce nom peut être remplacé par les noms d'édifices suivants, dans une phrase à structure identique	楼房 平房 塔 艾菲尔铁塔 摩天大楼	*lóufáng* *píngfáng* *tǎ* *Àifēi'ěr Tiětǎ* *mótiāndàlóu*	immeuble maison chinoise traditionnelle pagode Tour Eiffel gratte-ciel

Exercice

Remplacez 这儿 *zhèr*, "ici", et 近 *jìn*, "proche / près", dans la phrase suivante :

Sa maison est proche d'ici.	他的房子 *Tā de fángzi*	离这儿 *lí zhèr*	很近。 *hěn jìn.*
Sa maison est éloignée de la Tour Eiffel.	他的房子	离艾菲尔铁塔	很远。
Sa maison est loin de la gare.	他的房子	离火车站	很远。
Sa maison est proche de la station de bus.	他的房子	离车站	很近。

[1] que l'on a déjà rencontré dans 本子 *běnzi*, "cahier", 包子 *bāozi*, "petit pain farci cuit à la vapeur", 饺子 *jiǎozi*, "ravioli", etc.

女儿 *nǚ'ér*	exprime un lien de parenté et signifie "fille" ; il ne faut pas le confondre avec 女孩子 *nǚ háizi* qui signifie "fille / fillette" et qui renvoie à une tranche d'âge ; il peut être remplacé par les noms de parenté suivants, dans une phrase à structure identique	儿子 孙子 外孙子 孙女 外孙女	*érzi* *sūnzi* *wàisūnzi* *sūnnǚ* *wàisūnnǚ*	fils [2] petit fils (côté du fils) petit fils (côté de la fille) petite fille (côté du fils) petite fille (côté de la fille)	

Exercice

Remplacez 毛笔 *máobǐ*, "pinceau", et 女儿 *nǚ'ér*, "fille" dans la phrase suivante :

Ce pinceau est à ma fille.	这支毛笔 *Zhè-zhī máobǐ*	是 *shì*	我女儿的。 *wǒ nǚ'ér de.*
Ce livre est à mon petit fils (côté fils).	这本书	是	我孙子的。
Cette voiture est à ma mère.	这辆汽车	是	我母亲的。
Cette maison est à ma petite fille (côté fille).	这个房子	是	我外孙女的。

[2] Vocabulaire complémentaire : le garçon / garçonnet se dit 男孩子 *nánháizi* ; l'enfant se dit 孩子 *háizi* ; l'adulte se dit 大人 *dàren* ; un homme se dit 男人 *nánrén* ; une femme se dit 女人 *nǚrén*.

客厅 *kètīng*	"salon", est formé de 客 *kè*, sinogramme non indépendant qui entre dans la composition de 客人 *kèrén*, "invité", et de 厅 *tīng*, suffixe générique des lieux couverts ; dans une phrase à structure identique, il peut être remplacé par les noms de lieu suivants :	餐厅 *cāntīng* salle de restaurant 音乐厅 *yīnyuètīng* salle de musique 舞厅 *wǔtīng* salle de danse

Exercices

1. Remplacez 客厅 *kètīng*, "salon", et 吃饭 *chī=fàn*, "manger" dans la phrase suivante :

On ne peut pas manger dans le salon.	客厅里 *Kètīng-li*	不 *bù*	能 *néng*	吃饭。 *chī=fàn.*
On ne peut pas faire cours dans la salle de restaurant.	餐厅里	不	能	上课。
On ne peut pas fumer dans la salle de danse.	舞厅里	不	能	抽烟。 *chōu=yān*
On ne peut pas parler dans la salle de musique.	音乐厅里	不	能	说话。

2. Mettez dans l'ordre les mots suivants de manière à obtenir des énoncés corrects :

a) 学生们，的时候，说话，上课，能，不
b) 客厅，有，里，电视机
c) 厨房，可以，里，也，吃饭
d) 他，音乐厅，去，听，音乐

浴 室 *yùshì*	"salle de bain", comprend le suffixe générique 室 *shì* qui signifie "pièce" ; dans une phrase à structure identique, il peut être remplacé par les mots suivants :	卧 室 休 息 室 教 室 办 公 室	*wòshì* *xiūxishì* *jiàoshì* *bàngōngshì*	chambre à coucher salle d'attente salle de repos salle de classe bureau [3]

Exercice

Remplacez 浴 室 *yùshì*, "salle de bain", et 卧 室 *wòshì*, "chambre à coucher" dans la phrase suivante :

La salle de bain est à gauche de la chambre à coucher.	浴 室 *Yùshì*	在 *zaì*	卧 室 左 边 儿 。 *wòshì zuǒbian'r.*
La salle de repos est à gauche de la classe.	休 息 室	在	教 室 左 边 儿 。
La salle de classe est à gauche du bureau.	教 室	在	办 公 室 左 边 儿 。

他在哪儿看书？

[3] le "bureau", dans le sens "pièce de lecture ou de travail", se dit 书 房 *shūfáng*.

厕所 *cèsuǒ*	"W.C.", comprend le suffixe générique des noms de lieu ; il peut être remplacé par les noms suivants :

医务所	*yīwùsuǒ*	infirmerie
诊所	*zhěnsuǒ*	dispensaire
研究所	*yánjiūsuǒ*	centre de recherche

Exercice

Remplacez 厕所 *cèsuǒ*, "W.C.", et 浴室 *yùshì*, "salle de bain", dans la phrase suivante :

Les W.C. sont à droite de la salle de bain.	厕所 *Cèsuǒ*	在 *zài*	浴室右边儿。 *yùshì yòubian'r.*
Le dispensaire est à droite du centre de recherche.	诊所	在	研究所右边儿。
Le centre de recherche est à droite de l'infirmerie.	研究所	在	医务所右边儿。

他看的是什么书？

Ping et Pang
第十四课
Quatorzième leçon

有人敲门

你听……有人敲门……是谁呀？

是我，安娜，法国朋友。

请进，请进。

麻烦你了。

不，不要客气。我们刚刚回来。
这是庞先生，他是记者。

你好，你好！

安娜也是我学生。她来中国学中文。她学得很好。她汉字写得很好看，可是写得不快。她喜欢书法。

第十四课 Quatorzième leçon

有人敲门

你听 . . . 有人敲门 . . . 是谁呀？
Nǐ tīng ... Yoǔ rén qiāo mén ... Shì shéi ya ?
toi - écouter - avoir - personne - frapper - porte - être - qui ? - *interjection*
Ecoute ... On frappe à la porte ... Qui est-ce ?

是我，安娜，法国朋友。
Shì wǒ, Ānnà, Fǎguó péngyou.
être - moi - Anne - France - ami
C'est moi, Anne, ton amie française.

请进，请进。
Qǐng jìn, qǐng jìn.
prier - entrer - prier - entrer
Entre, je t'en prie.

麻烦你了。
Máfán nǐ le.
déranger - toi - LE (*particule modale*)
Je te dérange.

不，不要客气。我们刚刚回来。
这是庞先生，他是记者。
Bù, bú yào kèqi. Wǒmen gānggāng huí lai.
Zhè shì Páng Xiānsheng, tā shì jìzhě.
négation - *négation* - devoir / falloir - aimable - nous - à l'instant - retourner - venir
ceci - être - moi - cousin - Pang - Monsieur - lui - être - journaliste
Mais non, je t'en prie. Nous venons de rentrer. Voici Monsieur Pang ; il est journaliste.

你好，你好！
Nǐ hǎo, nǐ hǎo !
toi - bien - toi - bien
Bonjour, bonjour !

安娜也是我学生。她来中国学中文。
她学得很好。她汉字写得很好看，
可是写得不快。她喜欢书法。
Ānnà yě shi wǒ xuésheng. Tā lái Zhōngguó xué zhōngwén. Tā xué de hěn hǎo.
Tā hànzì xiě de hěn hǎokàn, kěshì xiě de bú kuài. Tā xǐhuān shūfǎ.
Anne - également - être - moi - élève - elle - venir - Chine - apprendre - chinois -
elle - apprendre - DE - (très) - bien - elle - caractère chinois - écrire - DE - (très) - joli -
mais - écrire DE - *négation* - vite - elle - aimer - calligraphie
Anne est également mon élève. Elle est venue en Chine apprendre le chinois.
Elle étudie très bien. Elle écrit joliment les caractères chinois, mais pas vite.
Elle aime la calligraphie.

Vocabulaire

Sinogrammes	Transcription (pinyin)	Français	Catégorie grammaticale
敲	*qiāo*	frapper	verbe d'action
呀！	*ya*		interjection de fin de phrase
安娜	*Ānna*	Anne	prénom
麻烦	*máfán*	déranger	verbe d'action
了	*le*	*particule modale finale indiquant un changement de situation*	particule modale
客气	*kěqi*	aimable / être aimable	verbe adjectival
刚刚	*gānggāng*	à l'instant	adverbe
先生	*xiānsheng*	Monsieur	nom de personne
学（习）	*xué(xí)*	apprendre	verbe d'action
中文	*zhōngwén*	chinois	nom
得	*de*	*marque du complément de degré ou d'appréciation*	particule structurale
汉字	*hànzì*	caractère chinois	nom
写字	*xiě=zì*	écrire	verbe-objet
可是	*kěshì*	mais	conjonction
书法	*shūfǎ*	calligraphie	nom

了
LE particule modale

La langue chinoise est riche en particules modales. Employées **à la fin de la phrase**, leur but est de montrer l'attitude du sujet vis-à-vis de son énoncé. En français parlé, l'utilisation de mots comme "voilà !", "bon !", "n'est-ce pas ?", remplit le même but. En chinois, le recours à la particule modale finale 了 *le*, que l'on pourrait traduire par "voilà que" ou "tiens !", indique l'apparition d'une situation nouvelle, soit pour le locuteur soit pour l'interlocuteur, ou encore sert à communiquer une nouvelle information.

Exemples : 麻 烦 你 了 。
Máfán nǐ le.
déranger - toi - LE (*particule modale*)
Je te dérange.

来 了 !
Lái le !
venir - LE (*particule modale*)
Il (ou elle) arrive ! / Le (ou la) voilà !

Dans cet exemple, 了 *le* sert à informer l'interlocuteur de ce qui vient de se produire.

La particule modale 了 *le* s'emploie aussi lorsqu'on demande un renseignement (ou lorsqu'on en prend un) qui risque d'entraîner un changement de situation.

Exemple : 现 在 几 点 了 ?
Xiànzài jǐ diǎn le ?
maintenant - combien - heure - LE (*particule modale*)
Quelle heure se fait-il maintenant ?

来 去
LAI ***et*** *QU*

来 *lai*, "venir", et 去 *qu*, "aller", peuvent être employés comme verbes auxiliaires directionnels, c'est-à-dire indiquer la direction dans laquelle se fait le mouvement décrit par le verbe qu'ils accompagnent (la direction est établie par rapport au sujet parlant). Ils se placent après le verbe dont ils précisent la direction et ne portent pas le ton.

来 *lai* est employé lorsque l'auteur de l'action se rapproche du sujet parlant. 去 *qu* s'emploie lorsque l'auteur de l'action s'éloigne de la personne qui parle.

Exemples : 大夫回来了！

Dàifu huí lai le.

médecin - retourner - venir - LE (*particule modale*)

Le médecin revient.

大夫回去了！

Dàifu huí qu le.

médecin - retourner - partir - LE (*particule modale*)

Le médecin retourne.

Le complément d'appréciation (ou de degré)

Il est possible, en chinois, d'exprimer un jugement de valeur sur une action verbale en ayant recours à une structure grammaticale.

1. **Si le verbe ne comporte pas de complément d'objet**, le complément d'appréciation (appelé aussi complément de degré) s'obtient en faisant suivre le verbe de la particule structurale 得 *de* et d'un verbe adjectival précédé de l'adverbe d'affirmation 很 *hěn.*

Exemple : 他走得很快。

Tā zǒu de hěn kuài.

lui - marcher - DE (*complément de degré*) - (très) - vite

Il marche vite.

La forme négative s'obtient en plaçant 不 *bù* devant l'adjectif.

Exemple : 他走得不快。

Tā zǒu de bú kuài.

lui - marcher - DE (*complément de degré*) - *négation* - vite

Il ne marche pas vite.

2. **Si le verbe comporte un complément d'objet direct**, le verbe sera répété. La première fois, il sera suivi du complément d'objet direct et la seconde, du complément d'appréciation.

Exemple : 安娜写汉字写得很快。

Ānnà xiě hànzì xiě de hěn kuai.

Anne - écrire - caractère chinois - écrire - DE (*complément de degré*) - (très) - vite

Anne écrit vite les caractères chinois.

La forme négative s'obtient en faisant précéder l'adjectif de la négation.

Exemple : 安娜写汉字写得不快。
Ānnà xiě hànzì xiě de bú kuài.
Anne - écrire - caractère chinois - écrire - DE (*complément d'appréciation*) - *négation* - vite
Anne n'écrit pas vite les caractères chinois.

Remarques :

- en chinois usuel, il est possible de supprimer le premier verbe.

Exemple : 安娜汉字写得很快。
Ānnà hànzì xiě de hěn kuài.
Anne - caractère chinois - écrire - DE - (très) - vite
Anne écrit vite les caractères chinois.

- 很 *hěn* peut être supprimé. Dans ce cas, une idée de comparaison est sous-entendue (Anne écrit vite les caractères chinois en comparaison de sa camarade, par exemple).

La forme interrogative s'obtient :

1. en faisant suivre le verbe adjectival à la forme affirmative, du même verbe adjectival à la forme négative :

Exemple : 安娜写汉字写得快不快？
Ānnà xiě hànzì xiě de kuài bú kuài ?
Anne - écrire - caractère chinois - écrire - DE - vite - *négation* - vite
Anne écrit-elle vite les caractères chinois ?

2. en faisant suivre la particule structurale 得 *de* de 怎么样 *zěnmeyàng*, "comment ?" :

Exemple : 安娜写汉字写得怎么样？
Ānnà xiě hànzì xiě de zěnmeyàng ?
Anne - écrire - caractère chinois - écrire - DE - comment ?
Comment Anne écrit-elle les caractères chinois ?

Vocabulaire de substitution

敲 *qiāo*	"frapper", est particulièrement utilisé avec le complément d'objet 门 *mén*, "porte". Verbe d'action, il peut être remplacé, si le sens l'autorise, par les verbes d'action suivants :

打	*dǎ* [1]	battre
杀	*shā*	tuer
找	*zhǎo*	chercher

Exercice

Remplacez 敲 *qiāo*, "frapper", et 门 *mén*, "porte", dans la phrase suivante :

Il y a quelqu'un qui frappe à la porte.	有 *Yǒu*	人 *rén*	敲 *qiāo*	门。 *mén.*
Il y a des gens qui battent leurs enfants.	有	人	打	孩子。 *háizi*
Il y a des gens qui tuent les animaux.	有	人	杀	动物。 *dòngwù*
Il y a quelqu'un qui te cherche.	有	人	找	你。

---

[1] 打 *dǎ*, "frapper", est souvent employé dans le sens de "jouer" dans les jeux de ballon :

打球	*dǎ-qiú*	jouer au ballon
打乒乓球	*dǎ pīngpāng qiu*	jouer au ping pong
打篮球	*dǎ lánqiú*	jouer au basket-ball
打排球	*dǎ páiqiú*	jouer au volley-ball
打网球	*dǎ wǎngqiú*	jouer au tennis

("jouer au football" se dira 踢足球 *tī*, "donner un coup de pied", *zúqiu* - *zu* : "pied" ; *qiu* : "ballon").
On rencontre 打 *dǎ* également dans les expressions suivantes :

打电话	*dǎ diànhùa*	téléphoner
打电报	*dǎ diànbào*	telégraphier
打字	*dǎ=zì*	taper un texte
打针	*dǎ=zhēn*	piquer, faire une piqûre

客气 *kèqi*	"poli / aimable", est formé du sinogramme non-indépendant 客 *kè*, "inviter" [2], et du sinogramme non-indépendant 气 *qì*, "atmosphère / air". Dans une structure de phrase identique, il peut être remplacé par les mots suivants :	和气 *héqi* aimable / être aimable 生气 *shēng=qì* en colère / être en colère 小气 *xiǎoqì* mesquin / être mesquin

Exercice

Remplacez 服务员 *fúwùyuán*, "serveur", et 客气 *kèqi*, "aimable" dans la phrase suivante :

Le serveur est très aimable. Comment parle-t-il ?	服务员 *Fúwùyuán*	很客气。 *hěn kèqi.*	他说得怎么样？ *Tā shuō de zěnmeyàng ?*
Le père est très en colère. Comment parle-t-il ?	父亲	很生气。	他说得怎么样？
Le paysan est très aimable. Comment parle-t-il ?	农民	很和气。	他说得怎么样？
Le journaliste est très mesquin. Comment parle-t-il ?	记者	很小气。	他说得怎么样？

他们上船 (*chuán*, "bâteau") 吗？

[2] On retrouve ce sinogramme dans 客人 *kèrén*, "invité".

中文 *zhōngwén*	signifie "langue chinoise". Il s'agit plus particulièrement de la langue écrite (pour la langue parlée, on utilise 汉语 *hànyǔ* - Cf. leçon 11 page 138). Il peut être remplacé par les noms suivants	

法文	*fǎwén*	français
英文	*yīngwén*	anglais
德文	*déwén*	allemand
俄文	*éwén*	russe
西班牙文	*xībānyáwén*	espagnol
日文	*rìwén*	japonais
外文	*wàiwén*	langue étrangère

Exercices

1. Remplacez 大学生 *dàxuéshēng*, "étudiant", et 中文 *zhōngwén*, "langue chinoise" dans la phrase suivante :

Les étudiants apprennent bien le chinois.	大学生 *Dàxuéshēng*	学 *xué*	中文 *zhōngwén*	学 *xué*	得好。 *de hǎo.*
Les journalistes apprennent bien l'anglais.	记者	学	英文	学	得好。
Les enfants apprennent bien les langues étrangères.	孩子 *háizi*	学	外文	学	得好。
Les Japonais apprennent bien le chinois.	日本人	学	中文	学	得好。
Les étrangers apprennent bien le français.	外国人	学	法文	学	得好。

2. Imaginez des mots comportant le caractère 法 :

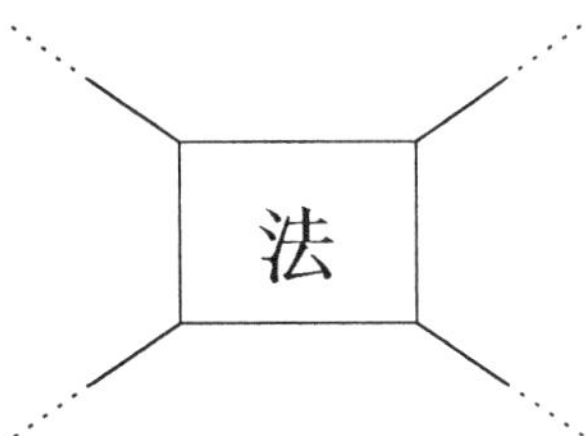

书法
shūfǎ

"calligraphie", est formé du suffixe générique 法 *fǎ*, "méthode", et de 书 *shū*, qui signifie "livre", mais aussi "écriture". Dans une phrase à structure identique, ce mot peut être remplacé par les mots suivants :

办法	*bànfǎ*	méthode (de faire)
看法	*kànfǎ*	manière / façon (de voir)
想法	*xiǎngfǎ*	manière / façon (de penser)
作法	*zuòfǎ*	manière / façon (de faire)

Exercice

Remplacez 学 *xué*, "étudier / apprendre", 好 *hǎo*, "bien", et 办法 *bànfǎ*, "méthode" dans la phrase suivante :

Il n'apprend pas bien, sa méthode n'est pas bonne.	他 *Tā*	学得不好， *xué de bù hǎo,*	他的办法不好。 *tā de bànfǎ bù hǎo.*
Il ne parle pas avec justesse, sa manière de voir n'est pas bonne.	他	说得不好，	他的看法不好。
Il a tort, son idée n'est pas bonne.	他	想得不对，	他的想法不好。

Ping et Pang
第十五课
Quinzième leçon

请客

我爱人马上就要回家了。
他七点下班。

你爱人作什么工作？

他当作者也当翻译。

他会哪种语言？

俄文、英文、日文、法文都会。

噢！他真有本事。我很想和他见面。

那么！你和安娜就在这儿吃晚饭吧！

麻烦你了！你太客气了。

哪里！哪里！谁不喜欢请客？
来了！来了！女儿也来了！

自己来，这是小吃。你们喝什么？

干杯！干杯！祝你们健康！

第十五课 — *Quinzième leçon*

请客

我爱人马上就要回家了。他七点下班。

Wǒ àirén mǎshàng jiù yào huíjiā le. Tā qīdiǎn xià=bān.

moi - époux - aussitôt - alors - vouloir - retourner - maison - LE (*particule modale*)
lui - sept - heure - sortir - travail

Mon mari ne va pas tarder à arriver. Il finit son travail à sept heures.

你爱人作什么工作？

Nǐ àirén zuò shénme gōngzuò ?

toi - époux - faire - quel ? - travail

Quel travail fait ton mari ?

他当作者也当翻译。

Tā dāng zuòzhě yě dāng fānyì.

lui - être - écrivain - également - être - traducteur

Il est écrivain et également traducteur.

他会哪种语言？

Tā huì nǎ-zhǒng yǔyán ?

lui - savoir - quel ? - sorte de - langage

Quelles langues sait-il ?

俄文、英文、日文、法文都会。

Éwén, yīngwén, rìwén, fǎwén dōu huì.

russe - anglais - japonais - français - en totalité - savoir

Il connaît le russe, l'anglais, le japonais et le français.

噢！他真有本事。我很想和他见面。

Ò ! Tā zhēn yǒu běnshì. Wǒ hěn xiǎng hé tā jiàn=miàn.

Oh - lui - vraiment - avoir - capacité - moi - très - penser - avec / et - lui - voir

Oh ! Il est vraiment doué. J'aimerais bien le rencontrer.

那么！你和安娜就在这儿吃晚饭吧！

Nà me ! Nǐ hé Annà jiù zài zhèr chī wǎnfàn ba !

alors - toi - avec / et - Anne - alors - à / en / dedans - ici - manger - soir - repas
marque de l'impératif

Alors reste manger ce soir avec Anne !

麻烦你了！你太客气了。

Máfàn nǐ le! Nǐ tài kèqi le.

Déranger - toi - LE (*particule modale*) - toi - trop - aimable- LE (*particule modale*)

Je te dérange ! Tu es trop aimable.

哪里！哪里！谁不喜欢请客？
来了！来了！女儿也来了！

Nǎli ! Nǎli ! Shéi bù xǐhuān qǐng=kè !　...Lái le ! Nǚ'ér yě lái le !

voyons ! - voyons ! - qui - *négation* - aimer - inviter -
venir - LE (*particule modale*) - fille - également - venir - LE (*particule modale*)

Voyons ! Voyons ! Qui n'aime pas avoir des invités !
Le voilà ! Voilà aussi ma fille !

自己来，这是小吃。你们喝什么？

Zìjǐ lái, zhè shi xiaǒchī. Nǐmen hē shénme ?

soi-même - servir - ceci - être - amuse-gueule - vous - boire - quoi ?

Servez-vous vous-mêmes, ce sont des amuse-gueules. Que buvez-vous ?

干杯！干杯！祝你们健康！

Gānbēi ! Gānbēi ! Zhù nǐmen jiànkang !

cul sec - cul sec - souhaiter - vous - santé

Cul sec ! Cul sec ! A votre santé !

Vocabulaire

Sinogrammes	Transcription (pinyin)	Français	Catégorie grammaticale
爱人	*àirén*	- mari, époux - femme, épouse	nom de personne
马上	*mǎshàng*	aussitôt	adverbe
回	*huí*	retourner	verbe de mouvement
下班	*xià=bān*	sortir du travail	verbe-objet d'action
当	*dāng*	être / faire le métier de	verbe
作者	*zuòzhě*	écrivain	nom de métier
翻译	*fānyì*	traducteur	"
译者	*yìzhě*	traducteur	"
翻译	*fānyì*	traduire	verbe d'action
种	*zhǒng*	*unité de compte* (sorte de)	spécificatif
噢！	*ò !*	oh !	interjection exprimant l'étonnement, l'admiration
真	*zhēn*	vraiment	adverbe
本事	*běnshi*	capacité	nom
和	*hé*	et / avec	préposition / conjonction
见面	*jiànmiàn*	voir / rencontrer	verbe d'action
晚饭	*wǎnfàn*	dîner	nom
哪里！	*nǎli*	voyons ! / c'est trop !	locution de politesse
请客	*qǐng=kè*	inviter	verbe-objet
自己	*zìjǐ*	soi-même	pronom
小吃	*xiǎochī*	amuse-gueule	nom
干杯	*gānbēi*	cul sec	expression
健康	*jiànkāng*	santé	nom

就要 . . . 了
JIÙ YÀO ... LE

La locution discontinue 就要 . . . 了 *jiù yào ... le* indique le futur immédiat. La particule modale 了 *le* indique l'imminence d'un changement.

Exemple : 我们就要走了。
Wǒmen jiù yào zǒu le.
nous - alors - vouloir - marcher - LE (*particule modale*)
Nous allons bientôt partir.

就 *jiù* peut être remplacé par 快 *kuài*, "vite".

Exemple : 大夫快要来了。
Dàifu kuài yào lái le.
médecin - vite - vouloir - venir - LE (*particule modale*)
Le médecin va bientôt arriver.

当
DĀNG

当 *dāng*, que l'on traduit généralement par "être", signifie, en réalité "jouer un rôle", "assumer une fonction", "avoir pour métier". Ce verbe est toujours suivi d'un nom de métier ou de fonction.

Exemples : 我儿子当演员。
Wǒ érzi dāng yǎnyuán.
moi - fils - être - acteur
Mon fils est acteur.

他以后想当什么?
Tā yǐhòu xiǎng dāng shénme ?
lui - après - penser - faire - quoi
Que pense-t-il faire comme métier par la suite ?

哪 ?
NǍ / NĚI

哪 *nǎ / něi*, "quel(le)(s) ? / lequel - laquelle - lesquels - lesquelles ?", est un adjectif interrogatif. Il est toujours suivi d'un spécificatif (sauf un cas très particulier cité ci-après en troisième exemple).

Exemples : 哪 双 筷 子 是 你 的 ?
Nǎ (ou *něi)-shuāng kuàizi shì nǐ-de ?*
quel ? - paire - baguette - être - toi - DE
Laquelle de ces paires de baguettes est la tienne ?

你 用 哪 本 词 典 ?
Nǐ yòng nǎ (ou *něi*)*-běn cídiǎn ?*
toi - utiliser - quel ? - SP - dictionnaire
Quel dictionnaire utilises-tu ?

哪 *nǎ / něi*, "quel(le)(s) ?", n'est jamais suivi par un spécificatif dans l'expression suivante :

你 是 哪 国 人 ?
Nǐ shi nǎ (ou *něi) guó rén ?*
toi - être - quel ? - pays - homme
De quel pays es-tu ?

N.B. : le mot qui signifie "pays" est, sous sa forme complète, 国 家 *guójiā.*

Exemple : 欧 洲 有 哪 些 国 家 ?
Ōuzhōu yǒu nǎ-xiē guójiā ?
Europe - avoir - quel ? - quelques (SP) - pays
Quels pays composent l'Europe ?

和
HÉ

1) 和 *hé* est une conjonction qui coordonne deux mots occupant la même fonction grammaticale. Dans ce cas, on la traduit par "et". Elle ne relie en aucun cas deux propositions.

Exemple : 安娜有书和词典。
Ānnà yǒu shū hé cídiǎn.
Anne - avoir - livre - et - dictionnaire
Anne a des livres et des dictionnaires.

2 - a) 和 *hé* est une préposition que l'on rencontre avec certains verbes supposant une relation ou un échange. Elle se place avant le nom qu'elle introduit, avant le verbe.

Exemple : 我想和他见面。
Wǒ xiǎng hé tā jiàn=miàn.
moi - penser - et - lui - voir
Je souhaite le rencontrer.

2 - b) 和 *hé* est une préposition ayant le sens de "avec / en compagnie de". Dans ce cas aussi, elle se place avant le nom qu'elle introduit, avant le verbe.

Exemple : 我和我朋友去饭馆。
Wǒ hé wǒ péngyou qù fànguǎn.
moi - et - moi - ami - aller - restaurant
Je vais au restaurant avec mon ami.

跟 *gēn*, "avec", peut remplacer 和 , *hé* . 一起 *yìqǐ*, "ensemble", ou 一块儿 *yíkuài'r*, "ensemble", peuvent clore le groupe prépositionnel.

Exemple : 我跟朋友一起去饭馆。
Wǒ gēn péngyou yìqǐ qù fànguǎn.
moi - avec - ami - ensemble - aller - restaurant
Je vais au restaurant avec mes amis.

就
JIÙ

就 *jiù* est parfois employé pour souligner une affirmation ou une évidence. Il n'y a pas toujours lieu de le traduire.

Exemples : 他就是大夫。
Tā jiù shi dàifu.
lui - alors - être - médecin
Il est médecin.

你们就在这儿吃饭！
Nǐmen jiù zài zhèr chī=fàn !
vous - alors - à - ici - manger
Et bien, mangez donc ici !

Vocabulaire de substitution

作者 *zuò zhě*	"écrivain", est un nom de fonction composé du verbe 作 *zuò*, "faire", et du suffixe 者 *zhě* afférant aux noms de fonction plutôt intellectuelle. D'autres noms composés sur ce modèle et pouvant le remplacer dans une structure de phrase identique sont les suivants [1] :	编者 *biānzhě* rédacteur 读者 *dúzhě* lecteur 译者 *yìzhě* traducteur 学者 *xué zhě* savant 工作者 *gōngzuòzhě* travailleur

Exercice

Remplacez 译者 *yìzhě*, "traducteur", et 记者 *jìzhě*, "journaliste", dans la phrase suivante :

Le traducteur veut rencontrer le journaliste.	译者 *Yìzhě*	要 *yào*	和 *hé*	记者 *jìzhě*	见面。 *jian=miàn* [2].
Le rédacteur veut rencontrer le savant.	编者	要	和	学者	见面。
L'auteur veut rencontrer le traducteur.	作者	要	和	译者	见面。
Le lecteur veut rencontrer l'auteur.	读者	要	和	作者	见面。

[1] On connaît déjà 记者 *jìzhě*, "journaliste", composé de 记 *jì*, "noter", et de 者 *zhě*.

[2] 见面 *jian=mian* est synonyme de 见见 *jian jian* mais revêt un caractère plus officiel.

本事 *běnshi*	"Capacité" peut être remplacé, dans une phrase de structure identique par les mots suivants

能力	*nénglì*	compétence
力量	*lìliàng*	force [3]
能量	*néngliàng*	énergie (physique)
精神	*jīngshén*	esprit / mentalité
记忆力	*jìyìlì*	mémoire
水平	*shuǐpíng*	niveau (sens propre et figuré)

Exercice

Remplacez 能力 *nénglì*, "compétence", et 大 *dà*, "grand", dans la phrase suivante :

Quel est celui dont la compétence est grande ?	谁的 *Shéi de*	能力 *nénglì*	大？ *dà ?*
Quel est celui dont la force est grande ?	谁的	力量	大？
Quel est celui dont la mentalité est bonne ?	谁的	精神	好？
Quel est celui dont la mémoire est bonne ?	谁的	记忆力	好？

[3] 力 *lì* est un sinogramme non indépendant mais souvent utilisé en composition. Il signifie "force physique".

EXERCICES D'APPROPRIATION

Leçons 13-14-15

1. Mettez dans l'ordre les mots suivants de manière à obtenir des énoncés corrects.
a) 离，近，飞机场，火车站，很
b) 下边，我，书，的，是，的
c) 时候, 天气，的，好，有，多，花，很
d) 安娜，汉字，写，不，快，得

2. Remplacez les 'blancs' par le mot qui convient.
a) 记者说外语说得____。
b) 这儿____有人喜欢打网球。
c) 老师的电脑是新___。
d) 哥哥___是记者___是翻译。

3. Remplacez les 'blancs' par 是，在 ou 有。
a) 桌子上___我的照相机。
b) 八月，学生们不___学校。
c) 中国___很多自行车。

4. Remplacez les 'blancs'' par une expression comportant un moyen de locomotion 。
a) 巴黎离北京很远，不能_______去。
b) 可以________去英国。
c) 我家离学校不近，我_______去。

5. Répondez à la question suivante en employant d'une part un futur immédiat et d'autre part les mots mis entre parenthèses.
a) 哥哥十八岁了，他___________________________。(上大学)
b) 现在半夜了，我______________________________。（回家)

Ping et Pang

第十六课

Seizième leçon

TEXTE (révisions) Une journée de Linna :

今天是星期天，我可以休息。上午我想先去公园看孩子们打球，后去市场买菜和水果。回家的路上，我很想去看一个好朋友。在朋友家的时候，我不想吃午饭。妈妈昨天说今天中午吃饺子。妈妈是法国人可是她中国饭做得很好。有人说我很像妈妈。

下午，我想去博物馆参观。这个博物馆是巴黎的亚洲博物馆。我还没有去过。听说博物馆旁边儿有一个外文报亭[1]，我想买一份中文报。

参观以后，我还想去看艾菲尔铁塔，因为我很喜欢铁塔南边儿的那个花园。花园西南边儿的咖啡馆卖的可口可乐太贵了。回家的路上还打算去看看我姥姥。

今天我不能和我爱人去玩儿，因为他现在在中国。他是记者也是翻译（以前

[1] 报亭 kiosque à journaux.

他当老师）。他去过很多国家。人们都说他记忆力好，很有本事。我呢？我想我的记忆力也不错。今年七月，我打算坐飞机去中国。这样我们又可以见面。

Jīntiān shì xīngqītiān. Wǒ kěyǐ xiūxi. Shàngwǔ wǒ xiǎng xiān qù gōngyuán kàn háizimen dǎ=qiú, hòu qù shìchǎng mǎi cài hé shuǐguǒ. Huí jiā de lù-shang, wǒ hěn xiǎng qù kàn yí-ge hǎo péngyou. Zài péngyou jiā de shíhou, wǒ bù xiǎng chī wǔfàn. Māma zuótiān shuō jīntiān zhōngwǔ chī jiǎozi. Māma shì Fǎguórén kěshì zhōngguófàn zuò de hěn hǎo. Yǒu rén shuō wǒ hěn xiàng māma.

Xiàwǔ, wǒ xiǎng qù bówùguǎn. Zhè-ge bówùguǎn shì Bālí de Yàzhōu bówùguǎn. Wǒ hái méi yǒu qù-guo. Tīngshuō bówùguǎn pángbiān'r yǒu yí-ge wàiwén bàotíng, wǒ xiǎng mǎi fèn zhōngwén bào.

Cānguān yǐhòu, wǒ hái xiǎng qù kàn Àifēi'ěr Tiětǎ, yīnwèi wǒ hěn xǐhuān Tiětǎ nánbiān'r de nà-ge huāyuán. Huāyuán xīnánbiān'r de kāfēiguǎn mài de kěkǒukělè tài guì le. Huí jiā de lù-shang hái dǎsuàn qù kàn wǒ lǎolao.

Jīntiān wǔ bù néng hé wǒ àiren qù wán'r. Tā xiànzài zài Zhōngguó. Tā shì jìzhě yě shì fānyì (yǐqián tā dāng lǎoshī). Tā qù-guo hěn duō guójiā. Rénmen dōu shuō ta jìyìlì hǎo, hěn yǒu běnshì. Wǒ ne ? Wǒ xiǎng wǒ de jìyìlì yě bú cuò. Jīnnián qīyuè, wǒ dǎsuàn zuò fēijī qù Zhōngguó. Zhèyang wǒmen yòu kěyǐ jiàn=miàn.

PHRASES de THEME

1. Demain, je retournerai à la gare acheter trois billets.
2. Les Chinois vont travailler en bicyclette.
3. La poste n'est pas loin de la gare. On peut y aller à pied.
4. Le médecin veut que je me repose dimanche.
5. As-tu déjà mangé des raviolis avec des amis chinois ?
6. Les Occidentaux ne savent pas manger avec des baguettes mais savent que les Chinois les utilisent.
7. Mon ami nage très vite (*employez un complément de degré*).
8. L'aéroport se situe au nord de Pékin.
9. J'ai entendu dire que les ouvriers de cette usine japonaise allaient aux Etats-Unis.
10. Il n'est pas possible de boire de l'alcool dans le café qui est à côté du lycée.
11. Je vous prie d'apporter une bouteille de bière et deux tasses de thé.
12. J'espère aller en Chine l'année prochaine au mois de mars.
13. Ma soeur aînée a quatre pinceaux, j'en ai deux.
14. Il n'est pas possible de fumer dans la salle de repos.
15. Il est sept heures. Dépêchez-vous, nous allons prendre le train.
16. Le professeur de français voudrait rencontrer les parents de cet enfant.
17. Cet auteur-ci pense écrire deux romans mais celui-là pense en écrire dix.
18. Où peut-on téléphoner ? Quelle route faut-il prendre ?
19. Les bières chinoises sont de bonnes bières.
20. Nous nous reposons dans le jardin public quand il fait beau.

EXERCICES STRUCTURAUX

Remplacez les pointillés par le mot approprié :

1. 他有两．．．中文老师。
Tā yǒu liǎng ... zhōngwén lǎoshī.

2. 你有几．．．本子，几．．．书？
Nǐ yǒu jǐ ... běnzi, jǐ ... shū ?

3. 家里有十．．．筷子。
Jiā-li yǒu shí ... kuàizi.

4. 学院前边有十八．．．自行车。
Xuéyuàn qiánbian yǒu shíbā ... zìxíngchē.

5. 飞行员有一．．．马。他也喜欢骑马。
Fēixíngyuán yǒu yì ... mǎ. Tā yě xǐhuan qí mǎ.

6. 法国有几．．．河？
Fǎguó yǒu jǐ ... hé?

7. 那．．．花园离这儿很近。
Nà ... huāyuán lí zhè'r hěn jìn.

8. 明天我想看三．．．报。
Míngtiān wǒ xiǎng kàn sān ... bào.

9. 老师有一．．．猫。
Lǎoshī yǒu yì ... māo.

10. 一年有十二．．．月。
Yì nián yǒu shí'èr ... yuè.

11. 一．．．星期有七天。
Yí ... xīngqī yǒu qī tiān.

12. 门前边有一．．．伞。
Mén qiánbian yǒu yì ... sǎn.

13. 他家有七．．．房间。
Tā jiā yǒu qī ... fángjiān.

14. 记者有两．．．姐姐、一．．．弟弟。
Jìzhě yǒu liǎng ... jiějie, yí ... dìdi.

15. 这．．．肉很贵。
Zhè ... ròu hěn guì.

16. 那．．．房子不是他的。
Nà ... fángzi bú shi tā de.

17. 一．．．票多少钱？
Yì ... piào duōshǎo qián ?

18. 十．．．新来的学生都是日本人。
Shí ... xīn lái de xuésheng dōu shi Rìběnrén.

19. 我有三十．．．小说。
Wǒ yǒu sānshí ... xiǎoshuō.

20. 你有几．．．动物？
Nǐ yǒu jǐ ... dòngwu ?

EXERCICES

1) Faites le bon choix en remplaçant les pointillés par le mot approprié :

和 *hé* ou 用 *yòng* ?

a) 星期天我 . . . 妹妹去参观博物馆。
Xīngqītiān wǒ ... mèimei qù cānguān bówùguǎn.

b) 他不会 . . . 毛笔写字。
Tā bú huì ... máobǐ xiě =zì.

不 ou 没 *bù* ou *méi* ?

c) 父母 . . . 去过美国。
Fùmǔ ... qù-guo Měiguó.

d) 他 . . . 知道大夫学过汉语。
Tā ... zhīdao dàifu xué-guo hànyǔ.

是 ou 很 *shì* ou *hěn* ?

e) 美国汽车 . . . 贵。
Měiguó qìchē ... guì.

f) 这辆汽车 . . . 他的。
Zhè-liàng qìchē ... tā de.

几 ? ou 多少 ? *jǐ ?* ou *duōshǎo ? ?*

g) 这个学校有 . . . 学生 ?
Zhè-ge xuéxiào yǒu ... xuésheng ?

h) 学生有 . . . 个老师 ?
Xuésheng yǒu ... ge lǎoshī ?

会 ou 知道 *huì* ou *zhīdao* ?

i) 妈妈 . . . 包饺子。
Māma ... bāo jiǎozi.

j) 我 . . . 他是好人。
Wǒ ... tā shì hǎo rén.

<u>是 ou 在 *shì ou zài ?*</u>

k) 哥 哥 今 年 . . . 中 国 。
Gēge jīnnián ... Zhōngguó.

l) 他 . . . 法 国 人 。
Tā ... Făguórén.

<u>来 ou 去 *lái ou qù ?*</u>

m) 他 星 期 天 . . . 工 作 。
Tā xīngqītiān ... gōngzuò.

n) 今 天 晚 上 奶 奶 . . . 吃 饭 。
Jīntiān wănshang năinai ... chī =fàn.

<u>女孩儿 ou 女儿 *nǚ hái'r ou nǚ 'ér ?*</u>

o) 学 校 里 有 . . . 也 有 男 孩 儿 。
Xuéxiào-li yǒu ... yě yǒu nánhái'r.

p) 他 有 两 个 儿 子 、 一 个 . . . 。
Tā yǒu liǎng-ge érzi, yí-ge ... .

2) Mettez les phrases suivantes à la forme négative :

a) 工 人 有 汽 车 。
Gōngrén yǒu qìchē.

b) 他 一 九 八 八 年 去 过 中 国 。
Tā yījiŭbābā nián qù-guo Zhōngguó.

c) 农 民 会 写 字 。
Nóngmín huì xiě =zì.

d) 记 者 写 汉 字 写 得 很 快 。
Jìzhě xiě hànzì xiě de hěn kuài.

e) 姐 姐 包 饺 子 包 得 很 好 。
Jiějie bāo jiăozi bāo de hěn hăo.

LES FONDEMENTS DE LA PENSÉE CHINOISE – I

LA CONTRIBUTION DE LA PREHISTOIRE

La civilisation chinoise est à nulle autre pareille. Si on dit d'elle qu'elle est l'une des plus anciennes du monde, cela signifie qu'elle a pris racine à une époque très reculée. Mais cela signifie aussi, et il ne faut pas l'oublier, qu'elle s'est développée de manière continue sur une durée beaucoup plus longue que bien d'autres civilisations.

L'histoire de la Chine couvre environ cinq millénaires mais les documents archéologiques mis à notre disposition et permettant de la reconstituer d'une manière précise, ponctuelle mais aussi continue, datent seulement de l'orée de XXe siècle avant J.-C. On peut néanmoins considérer, du point de vue historique qu'un pont est jeté entre le IIIe millénaire avant J.-C. et le IIIe millénaire après.

Une simple comparaison avec l'histoire de l'Egypte permet de souligner l'envolée historique hors du commun de la Chine. Alors que les premières dynasties égyptiennes remontent au IVe millénaire avant J.-C. (-3315), elles entrent dans une période de décadence dès la fin du IIe millénaire avant J.-C. (-1085).

En 30 avant J.-C., ce pays n'a plus d'Egypte que le nom: elle est entièrement aux mains des Romains. En 640, il est définitivement conquis par les Arabes. En créant la République Arabe Unie (1958-61) et en se faisant le champion du nationalisme arabe, Nasser jette un voile sur son identité culturelle.

Au delà de la période historique connue, nous savons cependant, grâce à la découverte en 1929 dans la région de Pékin d'un 'homo erectus' (ou : "homme en position debout") à qui on a donné le nom de 'Sinanthropus Pekinensis', que la Chine était habitée aux environs de 500 000 avant J.C. Même si par la suite on a trouvé en Chine d'autres traces d''homo erectus' ayant vécu il a environ 1 700 000 ans ainsi que d'un 'homo sapiens sapiens' (ou: "homme anatomiquement moderne") ayant vécu il y a seulement 30 000 ans environ, et même si la période néolithique est riche de vestiges archéologiques comme des poteries ou des outils, aucun document écrit ne permet de reconstituer l'histoire de la Chine à ces époques-là. On est encore dans le domaine légendaire.

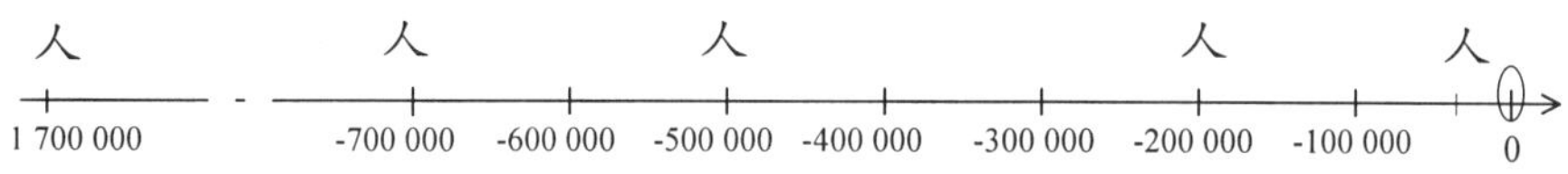

人 = existence d'ossements-fossiles d'hominidés. ⬯ = période d'histoire connue.

COMMENT CONNAIT-ON L'HISTOIRE DE LA CHINE ?

Si on connaît si bien l'histoire de la Chine, c'est parce que les Chinois ont le culte du passé et que, très tôt, ils ont commencé à noter les faits historiques.
Parmi les livres d'histoire qui sont parvenus jusqu'à nous, le premier s'appelle le "Livre des Documents", Shujing 书 经, et date des IXe-VIe avant notre ère environ. Le second, qui a donné naissance à une tradition historique plus précise (tous les livres d'histoire ultérieurs furent écrits selon son modèle), porte le nom de "Mémoires historiques", Shiji 史 记, et a été composé un siècle avant J.-C. par le premier grand historien connu, Sima Qian 司 马 迁 (145-87 av. J.-C.). Il y a aussi les "Annales de bambou", Zhushu jinian 竹书 纪 念, écrites au IIIe s. avant J.-C. mais retrouvées au IIIe siècle après J.-C., ainsi que le "Miroir de l'histoire", Tongjian gangmu 铜 鉴 纲 目 rédigé au XIIe siècle après J.-C., pour n'en citer que quelques uns.
Par ailleurs, tous les jours, des découvertes archéologiques viennent compléter ces principales sources d'information écrites.

LE BERCEAU DE LA CIVILISATION CHINOISE

Le berceau de la civilisation chinoise se situe dans la plaine alluviale du Fleuve Jaune, Huanghe黄 河, fleuve limoneux coulant paresseusement dans un large bassin qu'il comble sans cesse au milieu de terres riches petit à petit défrichées, mais aussi livrées à la menace des crues catastrophiques et des divagations hors du commun, comme celle par exemple qui déplaça son embouchure de 700km vers le Sud et ceci, en 1938, en pleine guerre sino-japonaise.
Le Sinanthropus Pekinensis évoqué plus haut fut cependant découvert dans une région située légèrement plus au nord. Il vivait de chasse et de cueillette, dans un climat plus doux que le climat actuel. Il habitait dans des huttes, se nourrissait des " Cinq céréales, Wu gu 五 谷 ", c'est à dire de deux sortes de millet, de blé, d'orge et de sorgho mais aussi de... ses congénères. Il savait tailler le silex et disposait d'outils. Sa capacité crânienne était de 1 000 cm^3 et il savait probablement parler. Il apprit à se servir du feu, dès l'instant où sa capacité crânienne commença à atteindre 1 200cm^3. Il mesurait environ 1,50m. Son front était fuyant et ses arcades sourcilières très développées. On le retrouve jusqu'en 200 000 avant J.-C. Il est ensuite remplacé par l'homo sapiens sapiens.

FAITS ET LEGENDES

Les historiens comme **Sima Qian** 司马迁 et les annalistes impériaux ont évoqué les personnages de la période légendaire aussi sérieusement que s'il s'agissait de rois ou d'empereurs. Il se peut également qu'ils aient voulu donner une justification historique au système politique qu'ils représentaient. Les fouilles archéologiques qui sont loin d'être terminées en Chine confirmeront tôt ou tard ces faits.
La période évoquée qui s'étend de la création du monde aux débuts de la période historique proprement dite recèle déjà les principes fondamentaux de la pensée chinoise .

Le dragon **Pangu** 盘古 est le fondateur de la cosmogonie chinoise. Il vécut 18 000 ans, il y a environ trente-cinq siècles et ne cessa jamais de grandir. Né d'un œuf, il en écarta la coquille supérieure pour faire le ciel qu'il décida rond, et la coquille inférieure pour faire la terre, qu'il décida carrée. Au moment de sa mort, ses larmes devinrent les deux grands fleuves de Chine – le Huanghe 黄河 et le Changjiang 长江. Son souffle devint le vent, sa voix le tonnerre, son regard les éclairs. Ses os devinrent les montagnes. Son œil droit le soleil, son œil gauche la lune. Sa graisse, en fondant devint les mers de Chine et sa vermine... le peuple chinois! Les Chinois ne disent-ils pas descendre du dragon?...

Avec **Fuxi** 伏羲 (2852-2738? avant J.-C.), qui avait un corps de serpent et une tête humaine apparurent les prémices, même s'ils sont légendaires, de la civilisation chinoise: en inventant les trigrammes qui sont des figures destinées à la divination, il consigna les tout premiers rudiments de l'écriture chinoise. Ces huit trigrammes seraient inspirés des figures qu'il aurait vues sur un corps de dragon. Constituées de lignes pleines ou de lignes brisées, elles désigneraient les éléments naturels :

☰	☷	☱	☲
ciel	terre	eau	feu
☳	☴	☵	☶
tonnerre	vent	fleuve	montagne

On lui devrait également l'invention du calendrier, l'institution de l'état civil, l'organisation de l'élevage, la pratique de la pêche, la construction des maisons et la première utilisation des métaux.

Nüwa 女娲, sa sœur-épouse, considérée également comme une déesse, eut le mérite de réparer le ciel à la suite d'une guerre entre le dieu des eaux, Gonggong 共工 et le dieu du feu, Zhurong 祝融. Ayant aussi participé à la création de l'humanité en modelant de l'argile jaune, elle aurait surtout donné des

conditions harmonieuses de vie et établi les principes du mariage.
Fuxi 伏羲 souvent représenté avec une équerre à la main et Nüwa 女娲 avec un compas, furent considérés par la suite comme les symboles du yang 阳 ou principe mâle et du yin 阴 ou principe femelle[1].

Shennong 神农 (2737-2698 avant J.-C.), quant à lui, est le père de l'agriculture et des Cinq céréales, Wu gu 五谷[2]. Il aurait inventé la charrue, découvert les plantes médicinales et constitué un herbier.

Huangdi 黄帝 ou l'Empereur Jaune (2698-2599 avant J.-C.) est le plus célèbre de tous ces personnages. Lorsqu'il s'éteint au milieu de XXVIe siècle avant J.-C., après un règne de près de cent ans, on considère que les dés de la civilisation chinoise sont jetés. Son règne est caractérisé par l'organisation administrative, le développement des techniques et de la technologie (le cuivre commence à être utilisé et un système des poids et mesures est élaboré), les premières découvertes en astronomie et en médecine (acupuncture), et l'invention de 540 signes d'écriture inspirés du dessin laissé par les empreintes de pattes d'oiseau sur le sable. Un collège d'historiographes est institué. La musique, civilisatrice, est à l'honneur.
La femme de Huangdi 黄帝, **Leizu** 泪祖, découvre le procédé de la fabrication de la soie dont le secret fut gardé pendant très longtemps en Chine.

[1] Cf. p. 198.
[2] Cf.p. 192.

Avec le règne de **Yao** 尧 (2356-2258 avant J.-C.) et **Shun** 舜 (2255-2208 avant J.-C.) commence une période que les penseurs chinois des siècles à venir appelleront "âge d'or". Tous les deux sont des souverains sages et modérés, vivant eux-mêmes très simplement et soucieux du bien être de leurs administrés. Ils s'entourent de ministres compétents comme celui de l'Agriculture Houji 后稷 . Shun 舜 divise l'empire en 12 provinces et s'adjoint Yu 禹 qui deviendra par la suite un véritable héros puisqu'il fut le premier à dompter les fleuves.

Visite du roi Shun 舜 dans un village de potiers à l'époque néolithique.

Le père de Yu 禹, Gun 鲧 avait déjà essayé de protéger la Chine des fleuves impétueux en construisant des digues mais son action n'avait pas été assez efficace. Yu 禹 lui, ne chercha pas à emprisonner l'eau mais au contraire lui aménagea des voies d'écoulement afin de minimiser ses débordements. Il prévit également un système d'irrigation à partir des ca-

naux afin de favoriser la fertilisation des terres.
Devenant à son tour empereur, Yu 禹, désormais appelé **Da Yu** 大 禹 ou **Yu le Grand** (2207 - 2198 avant J.-C.), fut le premier à créer une dynastie puisqu'il passa le pouvoir à son propre fils. Il inaugura ainsi la dynastie des **Xia** 夏 qui régna de 2207 à 1767 avant J.-C.
Le règne de Da Yu souvent cité en exemple par Confucius[3] fut marqué par un grand esprit de justice, ce qui ne fut pas le cas de celui qui devait mener la dynastie à sa perte, le roi **Jie** 桀, despote et corrompu.

Le Tianming 天 命 ou 'Mandat céleste'.

On peut remarquer en effet que les récits légendaires reposent sur une constante destinée à servir d'exemple: fondées par des hommes sages, les dynasties succombent dès lors qu'elles tombent aux mains de tyrans. Le roi Jie 桀 fut chassé de son trône à la suite du soulèvement du prince feudataire **Cheng Tang** 成 汤 qui fonda à son tour la dynastie des **Shang** 商. Ce phénomène qui caractérise les charnières dynastiques sera repris et développé par les philosophes et penseurs à partir du VIe siècle av. J.-C. Ils expliqueront en effet que la corruption et l'affaiblissement d'un monarque entraî nent la perte du mandat (ming 命) reçu du ciel (tian 天): le "tianming". Le renversement qui portera toujours au pouvoir un homme meilleur et éclairé sera désigné par les Chinois par un terme qui signifie "révolution", 革 命, geming mais dont le mot à mot est plus exactement: "Changement, ge 革" de "mandat, ming 命".

Vivre sous les Xia 夏.

La Chine des Xia 夏 correspond à l'époque néolithique. L'agriculture a

Pour lutter contre les inondations, Da Yu 大 禹 resta neuf ans en dehors de chez lui.

progressé et les paysans qui sont en même temps des chasseurs disposent de toutes sortes d'outils. L'élevage s'est enrichi du bœuf et peut-être même du cheval. Le tissage est attesté par l'impression laissée par des fibres textiles sur des objets en poterie d'une grande qualité artistique. Des huttes ou des sortes de puits assez larges dont l'ouverture centrale est couverte de branchages constituent l'habitat.
En ce qui concerne cette période, on n'a pas réellement retrouvé jusqu'à ce jour de trace d'un système élaboré d'écriture. Les poteries portent seulement des marques probablement destinées à indiquer l'artisan qui les a faites.

[3] Cf. p. 203.

LES FONDEMENTS DE LA PENSÉE CHINOISE – II

L'ECRITURE AU SERVICE DE LA CIVILISATION

Il n'existe jusqu'à ce jour aucune découverte archéologique permettant de connaitre les toutes premières étapes de l'écriture chinoise. Les fragments de textes qui ont été retrouvés, gravés sur bronze, sur écailles ventrales de tortues ou omoplates d'animaux et datant du IIe millénaire avant notre ère correspondent déjà à un stade relativement avancé de notation graphique. On sait également qu'il existait des textes gravés sur lamelles de bambou mais elles n'ont pas survecu à l'érosion du temps.
A partir du VIIIe siècle et surtout du VIe siècle avant J.-C., la Chine des Zhou orientaux 西周 (770 – 256 av.J.-C.) est aux prises avec de tumultueuses luttes de pouvoir. Les idées se forgent au contact de cette situation. L'importance accordée au texte écrit et la possibilité d'y faire référence alimente et enrichit les propos de ceux qui croient trouver des solutions.
Lorsque la dynastie des Zhou 周 s'éteint en 256 avant J.-C. et que la Chine est sur le point d'être réunifiée par Qin Shi Huangdi 秦始皇帝, elle laisse en héritage un système de pensée qui ne cessera jamais de marquer l'esprit chinois.

LES CINQ CLASSIQUES, WU JING 五经

Cette appellation a été donnée au cours de la dynastie des Han 汉 (206 avant J.-C.- 220 après) à des documents, des textes ou des ouvrages datant du Xe au VIIe siècle avant notre ère et qui étaient constamment cités par le sage qui a le plus marqué la pensée chinoise, Confucius (551 à 479 avant J.-C)[4]. Il est possible par ailleurs que ce grand sage se soit livré à leur organisation interne. Mais ce n'est pas lui qui leur a donné le terme de "classique", jing 经. Ce mot signifie en réalité "chaine de tissu" et renvoie donc à l'idée que toute ligne de conduite ou toute sagesse repose sur un fondement. Ces Cinq classiques dont l'ordre d'énumération a souvent changé sont:

- le Shijing 诗经 ou Livre des Odes;
- le Shujing 书经 ou Livre des Documents;
- le Yijing 易经 ou Livre des Mutations;
- le Liji 礼记 ou Livre des Rites ;
- et le Chunqiu 春秋 ou Les Annales des Printemps et Automnes.

[4] Cf.p. 203.

Le Shijing 诗经 ou Livre des Odes est constitué de 305 pièces choisies par Confucius lui-même parmi un millier d'autres conservées par les Maitres de musique de la cour royale depuis les Xe et IXe siècles. 诗 *shi*, en chinois signifie plus exactement "poème". Mais la traduction choisie, "ode" reflète mieux ce que les auteurs anonymes ont voulu faire passer à travers leur spontanéité créative : la célébration de la vie et des mœurs à travers les relations humaines et sociales, simples, authentiques et réelles, qui relie les gens les uns aux autres selon leur rang, leur caractère ou simplement leur sexe, avec la nature comme toile de fond, un peu comme si les mondes humain, végétal et animal se rejoignaient. Ces œuvres, chargées de symbolisme où se tissent des allégories, ont permis à Confucius et aux commentateurs qui lui succédèrent de dégager une réflexion morale qui allait dans le sens de leurs idées. Les vers suivants, par exemple, dont une première lecture pourrait indiquer qu'il s'agit de la complainte d'une jeune femme délaissée, sont interprétés comme une satire contre un prince qui ne remplit pas ses devoirs.

"Il est un sorbier solitaire[5]
Qui pousse au détour d'un chemin
Ô mon prince, ô que te voilà!
Acceptes-tu de venir te promener?
Toi qu'en mon cœur j'aime,
Ne partagerais-tu pas mon repas?"

Le Shujing 书经 ou le Livre des Documents.

Il est composé de documents de chancellerie, de discours de rois, d'actes de donation, autant de pièces d'archives idéales pouvant s'accompagner de morale. On peut y voir brossé le portrait idéal d'un souverain. Il fallait en effet qu'il regroupe les neuf vertus suivantes pour obtenir le "mandat céleste"[6] : le sens du gouvernement mais aussi la droiture, la docilité, la fermeté, la simplicité, le courage, l'indulgence, la diligence et la condescendance. Il fallait aussi qu'il joue le rôle de "père" et de "mère" de son peuple, "père" par sa rigueur, et "mère" par sa compassion, et qu'il sache bien s'entourer, le choix du Premier Ministre étant considéré comme capital pour le maintien de la dynastie.

Le Livre des Documents comporte par ailleurs un chapitre intitulé 'La Grande Règle (洪 范 Hongfan)' qui indique toutes les correspondances qui existent au sein de l'Univers et qui unissent la nature à l'homme.

Ainsi le monde est constitué de Cinq éléments:

- de l'eau dont la propriété est de s' infiltrer et de s'écouler vers le bas;
- du feu, dont la propriété est de se consumer et de s'élever vers le haut;
- du bois dont la propriété est de se plier puis de se redresser;
- du métal dont la propriété est de changer de forme;
- et enfin de la terre dont la propriété est de donner des récoltes.

A ces Cinq éléments correspondent les Cinq saveurs:

- ainsi, l'eau en s'écoulant devient salée;
- le feu en brûlant donne une odeur amère;
- le bois en se pliant dégage de l'acidité;
- le métal en se laissant façonner é-

[5] Cf. M. Granet. *Fêtes et chansons anciennes de la Chine*. Albin Michel, 1982

[6] Cf. p. 195.

met une odeur âcre;

- et enfin la terre en recevant la semence dégage une odeur douce.

Ces Cinq saveurs sont à mettre en correspondance avec les Cinq comportements:

- la conduite extérieure doit être circonspecte;
- la parole doit être conforme à la raison;
- le regard doit être perspicace;
- l'oreille doit être attentive;
- l'esprit doit être méditatif et pénétrant.

Par la suite d'autres correspondances découlant de celles décrites ci-dessus et s'étendant aux couleurs, aux parties du corps, aux saisons et à l'ensemble de l'univers eurent pour conséquence de situer l'homme au sein même de celui-ci et de le rendre solidaire de tous les phénomènes extérieurs à lui. Il est dit en effet dans La Grande Règle que la conduite de l'empereur influe sur la bonne marche de l'Univers. "*La gravité de l'empereur obtient aux temps voulus la pluie; la bonne administration, la sérénité du ciel; sa prudence, la chaleur; son application à réfléchir, le froid; sa sagesse éminente, le vent*"[7].

La Grande Règle dresse également la liste des domaines où doit s'exercer le gouvernement de l'empereur: l'agriculture, l'artisanat, les sacrifices, les travaux d'utilité publique, l'instruction, la justice, l'hospitalité, l'accueil et l'armée.

Le Yijing 易经 ou le Livre des Mutations.

Le Yijing 易经 a des origines aussi anciennes que la Chine. Il aurait été composé par le roi Wen 文 des Zhou 周[8].

Les soixante-quatre hexagrammes qu'il contient et qui constituent l'étude de cet ouvrage ne sont autres que les combinaisons des huit trigrammes inventés par Fu Xi 伏羲[9]. Ces hexagrammes servaient de référence aux figures obtenues en tirant au sort six baguettes d'achilée, constituées soit d'un seul tronçon (dans ce cas, elles correspondaient aux lignes pleines), soit de deux tronçons (dans ce cas elles correspondaient aux lignes brisées). Le lecture et l'interprétation des hexagrammes auxquels renvoyaient ces figures se faisait en fonction de l'alternance des lignes pleines et brisées, c'est-à-dire de leur appartenance:

- soit au yin 阴, représentant l'ubac d'une montagne, mais aussi l'ombre, le repli, le négatif;
- soit au yang 阳, représentant l'adret d'une montagne mais aussi l'ensoleillement, la force vive, le positif.

La notion de yin 阴 et de yang 阳, mentionnée justement pour la première fois, dans l'état actuel des recherches, dans un commentaire du Yijing 易经, est très importante pour comprendre l'esprit dans lequel se faisait la divination ainsi que la pensée chinoise dans son ensemble. A cette classification en deux pôles distincts des êtres et des choses se superpose en effet l'idée que tout est doté d'une force dynamique qui peut faire basculer un élément yin 阴 vers un élément yang 阳 et vice et versa, que tout n'est qu' interaction et contient en germe son

[7] Cf. S.Couvreur. *Chou king*. Sien Hsien, 1934.

[8] Le père du fondateur de la dynastie des Zhou (1122-256 av. J.-C.)

[9] Cf. p.193.

Représentation du yin 阴 et du yang 阳 entrelacés et des huit trigrammes, symbolisant l'organisation de l'Univers.

contraire. Ainsi, suivant la place des lignes pleines et brisées par rapport les unes aux autres ou leur ordre d'arrivée dans la figure (la première, tirée au sort, figure en bas de l'hexagramme), il était possible de donner, au-delà d'une simple réponse positive ou négative, une évolution de la situation, une tendance générale, comme si tout n'était que mutation ou sujet à changement.
On retiendra de ce grand classique et de l'interprétation qu'il donne des hexagrammes que tout n'est sujet qu'à transformation, à l'image du caméléon dont le graphisme a inspiré le caractère 易 choisi pour son titre. Par ailleurs, on retiendra également qu'il n'était pas dépourvu de qualités littéraires.
Le propos suivant de Confucius traduit bien le mouvement éternel des êtres et des choses qui sont en perpétuel devenir: *"Tout passe comme cette eau, rien ne s'arrête, ni le jour, ni la nuit"*[10]

Le Liji 礼 记 ou Le Livre des Rites.
Le Liji 礼 记 fait partie d'un ensemble d'ouvrages sur les rites écrits pendant la première partie de la dynastie des Zhou (1122-256). C'est de tous les Classiques, celui qui parle le plus des bienséances et des cérémonies. Il aurait été composé tardivement mais existait déjà lorsque Confucius élabora sa pensée.
Rites et loi. Si on devait définir les rites selon la représentation faite par Confucius, on pourrait dire que les "rites" sont ce que la conscience dicte. On pourrait les opposer à la "loi" qui impose de l'extérieur des règles de vie. A travers cette démarche, le retour naturel aux choses et le règne de l'évidence sont glorifiés : il est en effet naturel et évident de respecter ses parents ou d'obéir à ceux qui ont plus d'expérience et qui sont plus âgés. La civilité, la courtoisie, la bonne tenue, les bonnes manières, les devoirs que l'on rend sont des conduites considérées comme naturelles. Lorsque la société dérive ou lorsqu'elle ne peut assumer pour une raison ou une autre ce qu'on attend d'elle, les pratiques rituelles canalisent ces écarts.
Rites et harmonie. Le Livre des Rites donne des conseils pour que la vie puisse se poursuivre ou se transmettre sans heurt, comme si les actions positives se répercutaient de l'une à l'autre. Un autre classique, plus tardif, mais qui ne fait pas partie des cinq précédemment cités, le Classique de la Piété filiale, le Xiaojing 孝 经, qui a eu une grande influence dans le reste de l'Asie et notamment au Vietnam, précise que le respect envers les parents s'étend à tout l'entourage.
On ne sera pas étonné non plus d'apprendre que le Liji 礼 记 accordait

[10] Cf. ch.IX-16 des Entretiens (cf. p.205 note 18).

beaucoup d'importance à la musique dont le rôle était de canaliser les énergies.

Le 春 秋 Chunqiu ou Les Annales des Printemps et Automnes.

Les 'Annales des Printemps et Automnes' relate les hauts faits qui appartiennent à la période qui s'étend de 722 à 481. Ils ont été choisis pour servir d'exemple. Ce classique aurait été rédigé par Confucius et concernerait la principauté de Lu 鲁 où il a principalement vécu et qui se trouve dans le sud-est de l'actuelle province du Shandong 山 东.

LES FONDEMENTS DE LA PENSEE CHINOISE – III

CONFUCIUS, l'HOMME DE SON TEMPS
551 - 479

L'esprit de Confucius règne depuis plus de 2 500 ans sur le monde asiatique, aussi bien en Chine qu'en Corée, au Japon, au Vietnam ou que dans la péninsule malaise. Sa pensée a entièrement modelé, durant des générations et des générations, l'homme extrême-oriental. C'est ainsi qu'on peut donner, par le biais du confucianisme, une explication à ces quelques observations choisies parmi tant d'autres:

1) La civilisation chinoise a environ 5 000 ans d'existence. Perpétuée de génération en génération, grâce à la sacralisation de l'écrit et au poids de la tradition, elle constitue, de ce fait, l'une des plus anciennes civilisations du monde.

2) Dans un domaine purement politique, la Chine est toujours demeurée "chinoise" malgré des occupations étrangères au cours de son histoire (turques, mongoles, mandchoues, japonaises et celles des puissances occidentales, pour les plus importantes).

3) Les Chinois d'outre-mer, dans la mesure du possible, reviennent mourir sur le territoire chinois ou s'y font enterrer. La Chine, c'est aussi la terre de leurs ancêtres pour lesquels ils ont un respect illimité. Les personnes âgées ne sont jamais délaissées.

4) Dans un domaine d'ordre socio-économique, une famille d'origine asiatique nouvellement implantée hors d'Asie sort, en un ou deux ans, d'un assistanat d'ailleurs refusé viscéralement.

5) Les Asiatiques installés en France n'ont aucun problème d'insertion. Les jeunes scolarisés font partie des élèves les plus disciplinés.

6) Aux Etats-Unis, les étudiants d'origine asiatique (chinoise en particulier) sont ceux qui décrochent le plus de diplômes parmi les étrangers.

7) Hong Kong en retournant à la Chine en 1997, représentait la troisième place financière du monde.

8) Les ouvriers japonais acceptent des réductions de salaire si leur société ne fait pas assez de bénéfice.

9) Ils ne donnent jamais en premier leur nom, mais leur qualification et le nom de leur entreprise .

10) Au Japon, 95% des ouvriers travaillant sur la chaine Toyota sont bacheliers (à titre comparatif, en France, 3% seulement des ouvriers travaillant dans une société équivalente, ont ce niveau).

Cependant, ce tableau plutôt positif dans l'ensemble peut cacher des excès. Le confucianisme, au cours de l'histoire de Chine, a donné souvent prise à des critiques qui n'étaient pas des moindres.

LA VIE DE CONFUCIUS

Une enfance atypique

Kong fuzi 孔 夫 子 ou Maitre Kong, est le nom chinois de Confucius, avant qu'il ne soit latinisé par les Jésuites. Il naquit le 27ème jour de la 10ème lune de la 22ème année du règne du Duc Xiang du royaume de Lu 鲁 (dans le sud-est de l'actuelle province du Shandong 山东) soit le 28 septembre 551 avant notre ère et reçut pour prénom Qiu 丘 qui signifie "colline" car, à sa naissance, le sommet de son crâne présentait une légère protubérance. Parmi les événements qui jouèrent certainement un rôle dans sa vie et sa pensée, on peut retenir que son père descendait de la maison royale des Shang 商[11], qu'il avait épousé en secondes noces, alors qu'il était septuagénaire, celle qui allait devenir la mère de Confucius, une jeune fille qui n'avait pas vingt ans et qu'il mourut alors que son fils n'avait que trois ans. Confucius eut donc très tôt à assumer des responsabilité, d'autant plus que la disparition de son père jeta sa mère dans la pauvreté. Il aidait celle-ci aussi bien à cultiver le jardin qu'à assumer le culte des ancêtres[12]. Cela forgea son tempérament et lui permit de trouver un certain équilibre. La notion d'équilibre ou d'harmonie reflète en effet une de ses principales préoccupations. A cet égard, Confucius rejoint ici le cas de beaucoup de personnages qui sont devenus célèbres et qui ont connu une jeunesse atypique comme Moïse, Mahomet etc. Il manifesta également au cours de son enfance un goût très marqué pour la lecture des textes anciens comme le Livre des Documents[13] ou le Livre des Odes[14]. Il n'est donc pas étonnant qu'à l'âge de dix-sept ans il devint précepteur.

Les légendes le concernant existent mais sont relativement peu nombreuses. On dit bien qu'avant sa naissance sa mère vit en songe une licorne crachant un livre orné de matières précieuses; on raconte aussi que peu de temps avant sa mort, au cours d'une partie de chasse, une licorne fut capturée sous ses yeux. Il comprit alors que son heure était venue. C'était en 479 avant notre ère.

Le roi sans couronne.

Même si Confucius est reconnu d'une part comme un grand maitre à penser et d'autre part comme le patron des enseignants parce qu'il sut donner à son école un esprit fondé sur la volonté généreuse de transmettre les connaissances, sans distinction d'appartenance sociale, Confucius cherchait également à mettre ses idées au service des puissants. Mais il ne fut pas reconnu en son temps.

On connait la maxime "*Nul n'est prophète en son pays*" et on se rappelle aussi le mot célèbre de Chateaubriand dans *Les Mémoires d'Outre-tombe*, "*Etre un homme politique, c'est*

[11] Du nom de la dynastie (vers 1700-vers 1025)

[12] Le culte des Ancêtres fait partie des toutes premières pratiques religieuses des Chinois.

[13] cf.p. 198.

[14] cf.p. 198.

être un homme de son temps". Ces deux citations un peu contradictoires concernent étrangement la personnalité de Confucius qu'on a qualifié de "Roi sans couronne". Comme certains grands penseurs, philosophes ou prophètes tels que Bouddha, le Christ ou Mahomet, il quitta en 496 avant J.-C., à plus de cinquante ans, son pays natal, le Royaume de Lu 鲁, où les idées auxquelles il tenait le plus n'étaient pas prises en considération. Cependant contrairement à eux, il y revint, mais juste cinq ans avant de mourir. Il passa donc quatorze années environ à observer les raisons pour lesquelles le pouvoir se dégradait et à essayer d'apporter des solutions. Il ne fut finalement reconnu comme grand penseur qu'environ trois siècles plus tard, sous la dynastie des Han 汉 (206 av.J.-C.- 220 ap.) et son nom ne rayonna hors de Chine qu' ultérieurement.

Un royaume sans roi véritable.

La Chine dans laquelle naquit Confucius était morcelée en différentes principautés qui avaient pris le nom de royaume. La dynastie régnante, celle des Zhou 周[15], qui était à la tête de tous ces royaumes, était sur le point de perdre le pouvoir. La période a été appelée par la suite " Printemps et Automne", Chun Qiu 春 秋 (722- 476), du nom du Classique confucéen [16].

[15] (vers) 1025-221 av.J.-C.

[16] cf. p. 201.

Elle fit place par la suite à la période des "Royaumes combattants" Zhanguo 战 国 (475-221 av. J.-C.)[17].Confucius vit donc le jour en 551 avant notre ère, en pleine période d'anarchie, où la nécessité d'une mise en ordre se faisait sentir et c'est justement à la suite d'intrigues qu'il dut s'exiler en 496 av. J.-C.. Il voyagea alors d'un Etat à l'autre, enseignant sa pensée et se faisant recevoir par ses différents souverains (qui avaient pris le nom de 'Roi', Wang 王, mais que l'on traduit parfois par "Prince" ou "Duc" car il y avait encore officiellement une maison royale). Lorsqu'il rentra au pays natal, il relut et consigna les textes qui lui semblaient fondamentaux pour sa doctrine. Ses disciples, au nombre de soixante-douze, consignèrent à leur tour ses propos dans le *Lunyu* 论 语, "*Les Entretiens*[18]". Parmi eux, il y eut son petit-fils, son propre fils étant mort avant lui. A l'heure actuelle soixante-dix-sept ou soixante-dix-huit générations ont succédé à Confucius. La famille Kong 孔 n'est pas éteinte et vit toujours en Chine, à Qufu 曲 阜, dans un village de l'actuelle province du Shandong 山 东. Un cimetière noyé dans la verdure et que seul le chant des oiseaux réveille, lui est consacré. Il réunit des centaines de tombes mais aussi des représentations de dignitaires et d'animaux en pierre aux allures bienveillantes et paisibles.

[17] Période s'étendant de 453 à 221 av.J.-C.

[18] Il existe plusieurs traductions des récits consignés par les disciples de Confucius. En français, la plus ancienne est celle de S. Couvreur éditée au XIXe s. ("Les Entetiens de Confucius et de ses discipes") mais il existe également celles de A. Cheng, Pierre Ryckmans, André Lévy etc. Celle qui a été retenue dans le présent ouvrage est la plus ancienne.

Il y a un fond de sagesse universelle que l'on retrouve dans toutes les civilisations : *"Connais-toi d'abord toi-même"* nous dicte le philosophe Socrate sur le temple d'Apollon à Delphe. Laozi 老子(609 av. J.-C. - ?)[19] dit : *"Connaitre les autres, c'est la sagesse; se connaitre soi-même, c'est la sagesse suprême".* Confucius est allé encore plus loin puisqu'il dit qu'il ne faut pas craindre d'être méconnu des hommes à partir du moment où l'on pratique soi-même le bien[20]. Et son disciple Yan Yuan 颜渊 de reprendre la pensée du Maitre en disant : "*Il dépend de soi-même et non des autres de s'accomplir*"[21]. Sa pensée, selon celui-ci, ne peut avoir de portée que si lui-même sert d'exemple aux yeux de la société. C'est en éducateur également que Confucius se pose, mais en éducateur, maitre de soi et capable d'insuffler aux élèves l'énergie nécessaire pour mener à bien des études.

Il ne suffit pas de dire.

Le but de Confucius est de mettre fin à la situation d'anarchie de son pays mais, selon lui, il ne suffit pas de dire, il faut agir et, surtout, "faire faire" à ceux qu'il forme. On rejoint ici l'attitude platonicienne[22] qui mêle étroitement la notion de politique à celle de philosophie. Il faut en politique (du grec *politicos*, terme qui renvoie aux affaires concernant les hommes d'une cité) rechercher la solution juste et sage. Pour atteindre la sagesse (du grec *sophia*), il faut l'aimer (du grec *philein*) certes, mais aussi et comme le préconise Confucius, la mettre en pratique[23]. Selon lui, il ne s'agit pas de rendre la justice en exerçant le métier de juge, il s'agit en fin de compte de travailler à la mort de ce métier et de faire en sorte qu'il n'y ait plus de justice à rendre. "*Si le prince conduit le peuple au moyen des lois et le maintient sous contrôle au moyen des châtiments, le peuple s'abstient de faire le mal, mais il ne connait aucune honte. Si le prince dirige le peuple par ses bons exemples et le maintient dans l'unité par les rites (c.-à.-d. le sens des convenances), le peuple aura honte de faire le mal et deviendra vertueux"*[24].

Si l'idée de "gouvernement" est en premier lieu liée à celle d'"éducation", il faut aussi servir de modèle et s'éduquer soi-même : *"Si un homme sait se gouverner lui-même, quelle difficulté aura-t-il à gouverner l' Etat ? Mais celui qui ne sait pas se gouverner lui-même, comment pourra-t-il gouverner les autres ?"*[25]. En un mot, il faut éduquer l'homme, aussi bien celui qui gouverne que celui qui est gouverné.

Aussi ne faut-il pas s'étonner que la peine de mort n'ait aucune raison d'être

[19] Le fondateur du taoisme qui à l'inverse de Confucius développe un système de pensée tourné vers l'individu, en relation avec un absolu mystique, le Dao 道. (cf. p.213)

[20] Cf. ch I-1 des *Entretiens.* Cf. S. Couvreur : *Si Shu (Les Quatre Livres)* . Réedition. Kuangchi Press, 1973.

[21] Cf. ch. XII-1 des *Entretiens.*

[22] Platon, 427-347 avant J.-C.

[23] Cf. ch.VI-18

[24] Cf. ch. II-3

[25] Cf. ch. XIII-13

selon Confucius : "*Soyez vous-même vertueux et votre peuple sera vertueux. La vertu du prince est comme le vent; celle du peuple comme l'herbe; au souffle du vent, l'herbe se courbe.*"[26]

Les écrits des Anciens.

Les principes esquissés ci-dessus prennent appui sur la pensée des Anciens et les textes qui étaient à la disposition de Confucius à son époque. Est-ce pour cautionner ses idées qu'il a pris comme exemple les hauts faits du passé, sachant très bien que tout ce qui relevait de l'antiquité était sacré aux yeux de ses contemporains? Différentes thèses courent à ce sujet. Il affirme lui-même que ses idées ne sont pas nouvelles et qu'il se contente de retransmettre la pensée des Anciens, ce qui est légèrement inexact puisqu'il a remanié les textes et les a commentés. Confucius les a regroupés en six ouvrages auxquels la dynastie des Han (206 avant J.-C.- 220 après J.-C.) donnera le nom de 'Classiques'[27]. L'un d'eux sera cependant perdu : il s'agit du Classique de la Musique, le Yuejing 乐 经.

Un enseignement pour tous.

Les écrits ci-dessus mentionnés, étaient pour la majeure partie d'entre eux destinés à l'aristocratie. Confucius, beaucoup plus démagogue, s'adresse à tout le monde. Voici ce qu'il dit: "*Je n'ai jamais refusé mon enseignement à qui que ce soit, même à celui qui est venu à pied et qui ne pouvait payer ses études que d'un paquet de viande séchée*"[28] ou encore : "*En matière d'éducation, il ne doit pas exister de notion de classe*"[29].

[26] Cf. p. cf. XII-19

[27] Cf.p. 197.

[28] Cf.ch. VII-7

[29] Cf. ch.XV-38

"L'HOMME DE BIEN"

Pour devenir un "Homme de bien" *qunzi*, 裙 子, apte à gouverner, il faut cultiver avant toute chose le ren 仁. On peut voir d'après la formation de ce caractère où l'on distingue l'élément "homme" (亻 = 人) et le chiffre "deux" (二) que Confucius ne s'intéresse pas à l'individu en tant que tel mais à l'individu dans ses relations avec autrui et au sein de la société. Les différentes manières de traduire "ren 仁", "bienveillance", "altruisme", "humanité", sont des approches qui ne mettent pas assez en valeur la part de responsabilité que tout homme doit avoir envers son entourage.

Partir de soi.

Cultiver en soi le ren 仁 , c'est cultiver l'aptitude que l'on a de se perfectionner, de devenir digne de son entourage et de soi-même. Cela suppose que, en étant ferme envers soi-même, on le devienne envers autrui : *"Un homme qu'on peut qualifier de ren 仁 veut se tenir ferme lui-même et affermit les autres ; il désire se réaliser et il aide les autres à se réaliser"*[30].

Pour pratiquer le ren 仁, "*il faut partir de soi-même pour en tirer par parallélisme une règle de conduite envers autrui*"[31], il faut être soi-même un modèle pour que l'entourage et les gouvernés connaissent la honte de mal faire, comme il a été dit plus haut. Ainsi l'ordre et l'harmonie règnent dans la société et les lois n'ont plus de raison d'être.

A cet égard, l'attitude prônée par Confucius fait penser à celle de l'Empereur Hadrien[32] décrite par Marguerite Yourcenar[33]. Hadrien considère lui aussi que tout est devenir en l'homme et que lui-même est en mesure de s'améliorer. Ne dit-il pas qu'il a assez à faire de devenir lui-même, de se réaliser, de cultiver les qualités enfouies en lui ou de travailler tout simplement sa personnalité?

Beauté et noblesse d'âme

S'affirmer en tant qu'homme, voici la devise d'Hadrien mais aussi de l'Homme de bien selon Confucius. S'affirmer, c'est passer son temps à se rectifier (zheng 正), à être sincère (zhong 忠), à être fidèle à sa parole (xin 信), à etre juste et objectif (yi 义) (c'est-à-dire à faire les choses pour elles-mêmes et non par intérêt et avec discernement, selon les circonstances[34]), à se cultiver pour ne pas être seulement un produit brut de la nature. Plus on se rectifie, plus on est apte à gouverner (ce n'est pas par hasard si le caractère employé pour "gouverner", 政 zheng, contient l'élément 正 zheng de "rectification"[35] et se prononce pareil).

[30] Cf. ch.VI-28

[31] Cf. ch.IV-25

[32] Hadrien: empereur romain de 117 à 138.

[33] Cf. Marguerite Yourcenar. *Mémoires d'Hadrien*. Gallimard, 1974.

[34] Cf. ch. VI-20

[35] Cf. ch. XII-17, XIII-13 et XIII-6

De la même manière, le désir de faire correspondre les mots à la réalité et d'appeler les choses par leur nom a été un de soucis majeurs de Confucius.
Plus on accorde aux choses leur juste valeur, plus on a, vis-à-vis des mots et de la parole, une attitude honnête, plus on est fidèle à la pensée donnée et moins la société cherche à se révolter. *"Un homme qui n'est pas de parole n'est guère plus viable qu'un char sans attelage"*[36]. Ainsi le dirigeant est comparable à l'étoile polaire, *"immobile dans le ciel, alors que toutes les autres se meuvent autour d'elle"*[37].

La vraie grandeur de l'homme.
La supériorité du dirigeant ne se dégage pas de sa position sociale mais de ses qualités qui le distinguent de son entourage. Ses qualités s'appliquent aux grandes choses comme aux petites choses et s'il doit manifester une quelconque défaillance, ce sera dans les petites choses et jamais dans les grandes[38].
Dans la doctrine de Confucius, tout se ramène à l'homme essentiellement. Il n'est point question de dieux ni d'esprits. Il n' y a aucune allusion métaphysique. A l'un de ses disciples qui lui demandait "*Faut-il servir les esprits ?*", Confucius répondit *"Tu ne sais même pas servir les vivants, comment veux-tu servir les morts ?"*[39].

De la charge familiale à la charge d'un Etat.
Les vivants sont représentés, en premier lieu, par la famille. Tout d'abord, par ceux à qui l'on doit la vie : son père, sa mère. Confucius insiste sur la déférence que l'on doit avoir envers ses parents, ses grands-parents et le respect qu'ils nous inspirent. La piété filiale xiao 孝 occupe une partie très importante de sa doctrine. Le culte des ancêtres, où l'on vénère les morts et qui est pratiqué dans toute l'Asie se rattache à la doctrine confucéenne. Confucius, s'inspirant du modèle de vie au sein de la famille où les relations, basées sur le respect sont hiérarchisées, élargit sa conception de l'ordre et de l'harmonie à la société toute entière. De même que le fils doit obéissance à son père, le sujet doit le respect à son prince, le prince au roi, le roi au ciel[40]. On peut voir que l'ordre social est calqué sur l'ordre universel. L'harmonie au sein de la société renvoie à l'harmonie au sein de la nature avec l'alternance des saisons et les lois écologiques. Jean Hamburger, l'auteur de "*'Un jour, un homme*" rejoint ici la pensée de Confucius lorsqu'il dit que le monde est un ensemble indissociable : *"En découvrant les lois du monde et les mécanismes de la vie, l'homme a découvert, en vérité, qu'il dépendait des autres, de la terre, du soleil, des fleurs, des fruits et des colibacilles".*

En toutes choses, le juste milieu.
Les moyens mis en œuvre pour réaliser les qualités évoquées ci-dessus touchent au domaine des "rites, li 礼" et de la "connaissance" à acquérir, " zhi 智".

[36] Cf. ch. II-22
[37] Cf. ch. II-1
[38] Cf. Ch.XV-33
[39] Cf. ch. XI-2, VI-20 et VII-20

[40] Cette idée est surtout développée dans le classique confucéen, le Daxue 大 学 (cf.p.198). Cf. également Les Entretiens ch.II-20 et XII-11 ou Confucius dit :*"Que le souverain agisse en souverain, le ministre en ministre, le père en père et le fils en fils".*

Les rites, li 礼 supposent la canalisation des énergies et des instincts et facilitent les rapports sociaux. Ils sont fondés sur le respect et la contenance des sentiments. L'homme de bien pratique le "juste milieu, zhong yong 中庸", en toute chose, ne commet pas d'excès et n'agit pas de manière irrationnelle ou hypocrite: *"Dans les démonstrations extérieures, il vaut mieux rester en-deçà des limites plutôt que de faire montre d'une vulgaire ostentation; dans les cérémonies funèbres, mieux vaut montrer une douleur vraie que de rechercher la perfection dans chaque détail de cérémonie "*[41]. Cette maxime fait écho au propos tenu par l'Empereur Hadrien, cité plus haut : *"Toute licence trop visible m'a toujours fait l'effet d'un étalage de mauvais aloi"*, et rejoint à nouveau cette citation de Confucius: *"Un homme sincère et véridique dans ses paroles, prudent et circonspect dans ses actions, aura de l'influence, même au milieu des barbares du Nord et du Sud"* [42].

Pour Confucius, le li 礼 ne pouvait donc se ramener à des gestes purement conventionnels et l'adéquation entre les mots et la réalité évoquée plus haut en faisait partie. Il voulait qu'on se conduise véritablement en prince si l'on était prince et que l'on ne se contente pas de célébrer les cérémonies, sans sentiment véritable. Par exemple, la présence de pleureuses que l'on voit au cours des funérailles en Asie et ailleurs dans le monde, ne relève pas de l'hypocrisie. Elles sont là pour traduire la peine profonde ressentie au moment de la disparition d'un être cher, car il arrive que sous l'emprise de la douleur, on ne puisse s'exprimer avec des larmes.

"Connaître" pour participer à l'ordre universel.

Les premiers devoirs remplis envers soi-même et envers les autres (puisqu'il s'agit de partir de soi pour appliquer une règle de conduite envers autrui) et une fois ces mêmes devoirs remplis selon les rites, il est indispensable de se livrer à la Connaissance, zhi 智. La démarche prônée par Confucius se retrouve dans celle de l'écrivain argentin Ernesto Sabato, soulignant la nécessité pour l'être humain de participer à l'ordre social par le biais de l'instruction. *"Apprendre, c'est participer, découvrir, inventer"*. *Les Entretiens* de Confucius recueillis par ses disciples soulignent la double nature de l'homme, constituée de matière et de culture, et la nécessité d'établir une répartition harmonieuse de ces deux éléments : *"Si sa matière prévaut sur sa culture, c'est un rustre ; si sa culture prévaut sur sa matière, c'est un fonctionnaire ; si l'une et l'autre sont équilibrées, c'est un homme noble"*[43].

Se livrer à l'étude, c'est aussi acquérir les honneurs et faire rejaillir la respectabilité sur ses parents. Autrefois, à chaque fois qu'un enfant mâle naissait, on souhaitait à sa famille qu'il devienne dignitaire et, encore aujourd'hui, dans les maisons de Taiwan ou de l'ex-colonie britannique Hong Kong, on voit accrochées au mur, à côté de l'autel des ancêtres, les photos des enfants qui ont fait leurs études dans les universités américaines ou anglaises et

[41] Cf. ch. VIII-2

[42] Cf. ch. XIII-19 et XV-5

[43] Cf. note précédente. En ce qui concerne cette citation, de légères modifications ont été apportées dans la traduction.

qui portent la coiffe des jeunes diplômés.
Comme il a été dit plus haut, à l'époque de Confucius comme jusqu'au début du XXe siècle, la culture de l'"homme de bien" s'appuyait sur la connaissance des écrits anciens de Chine mais aussi sur la réflexion personnelle et la connaissance de soi-même. Selon Confucius, la science véritable se résumait, en fin de compte, à cette maxime : *"Ce qu'on sait, savoir qu'on le sait ; ce qu'on ne sait pas, savoir qu'on ne le sait pas, c'est savoir véritablement"*[44]. Etudier, xue 学 est le premier mot des *Entretiens*.

Il est suivi un peu plus loin du mot 习 xi qui signifie "apprendre" mais aussi "mettre en pratique"[35]. Il s'agit donc d'étudier", non pas pour dominer par son savoir, mais pour mieux connaitre, en s'adaptant aux circonstances, les rapports qui existent au sein de la société. L'éducation, pour Confucius, est directement orientée vers un objectif de mise en place des responsabilités sociales et politiques. Chaque individu, selon lui, se doit de s'améliorer, de mieux se connaitre, de mieux connaître les autres, de se cultiver afin de participer à l'harmonie universelle.

Confucius en visite au Roi de Wei 卫.

[44] Cf. ch.II-17

LA NAISSANCE D'UNE BUREAUCRATIE.

Deux remarques se dégagent : malgré la générosité de son enseignement, Confucius comptait cependant bien former des hommes supérieurs capables de diriger un pays, et constituer en quelque sorte une élite. Ce point lui sera particulièrement reproché au cours du Mouvement du 4 Mai 1919 (mouvement de refonte de la culture chinoise) et pendant la Révolution Culturelle (1966-1976). On lui reprochera également son attitude méprisante envers les femmes. En réalité, on ne peut pas lui reprocher d'avoir formé, de son vivant, une élite car il ne fut pas tellement entendu des gens au pouvoir. Mais, en mettant à l'honneur les textes plus anciens et en perpétuant la tradition, il a enfermé les valeurs sociales dans un système. Par la suite, les personnes formées à l'esprit de Confucius – des lettrés par conséquent puisqu'il fallait connaitre les classiques pour se présenter aux examens afin de devenir fonctionnaire – furent les détenteurs de la tradition. Et, au nom de cette dernière, ils installèrent leur pouvoir. Ainsi, sous les Han 汉 en 124 avant notre ère fut crée le système des examens . La condition *sine qua non* pour être reçu et devenir fonctionnaire était de connaître les Classiques confucéens ainsi que Les Quatre Livres, Si shu 四 书, appellation qui fut donnée sous la dynastie des Song 宋 (907-1276 ap.J.-C.) aux quatre œuvres suivantes d'obédience confucéenne:

- Le *Lunyu* 论 语 ou *Les Entretiens* (rédigés par les disciples de Confucius),
- Le *Mengzi*, 孟子 écrits du disciple Mencius (371-289),
- Le *Zhongyong* 中 庸 ou *Le Juste Milieu,*
- Le *Daxue* 大 学 ou *La Grande Etude.*

APPROCHE DU TAOISME

Quel est le Chinois qui au cours de sa vie n'a pas été confucéen lorsqu'il cherchait à jouer un rôle sans la société ou tout simplement à prendre des responsabilités puis taoiste lorsque, par lassitude ou aspiration personnelle et cessant de se tourner vers autrui, il voulait se replier sur lui-même et retrouver une paix intérieure afin de mieux s'identifier aux forces cosmiques qui nous gouvernent et tiennent lieu d'origine du monde : le Dao 道 ?

Le mot "taoisme" provient du chinois Dao 道[1], qui signifie "chemin" mais aussi "voie que l'on suit, que l'on trace ou qui nous guide". Il faut voir dans ce caractère la représentation de la " tête, 首 *shou* ", c'est à dire de ce qui est «essentiel » et la représentation de la " marche" 辶 , c'est à dire de ce qui guide nos pas ou nous fait avancer. On voit déjà que le terme choisi, " Dao 道 ", est difficile à cerner et qu'il n'offre pas prise à une traduction, mais on peut déjà considérer qu'il s'agit d'un absolu mystique.

Qui est Laozi 老子 ?

On considère Laozi 老 子 (609-? av. J.-C.) comme le père du taoisme. C'est lui qui a récupéré le mot "Dao 道" dans les textes anciens[2] où il revêtait davantage le sens de "principe moral". En fait Laozi 老子 est un un pseudonyme. Sans doute lui a-t-il été donné parce que la légende raconte qu'il avait déjà quatre-ving-dix ans lorsqu'il vint au monde (老 signifie en effet "vieux" et 子 signifie en chinois classique "enfant"). Son nom de famille est Li 李.

On ne sait rien de lui, sauf que, vers la fin de sa vie, il décida d'aller vers l'ouest, probablement vers l'Inde où une autre doctrine avait vu le jour, le bouddhisme[3]. Avant qu'il quitte la Chine, on lui demanda à la frontière ce qu'il laissait au pays qui l'avait vu naître. Il écrivit alors le Daodejing 道德经[4] . C'est un ouvrage obscur, dont

[1] 道 est noté 'Tao' dans la transcription de l' Ecole française d'Extrême-Orient.

[2] Sont désignés ici les Classiques. Cf. p. 197.

[3] Le bouddhisme s'est dévelopé en Inde du Nord au VIe s., s'est répandu en Chine à partir du 1er siècle de notre ère, puis au Japon à partir au VIe siècle et enfin en Asie du Sud-est. Son fondateur Sakyamuni avait lui-même atteint l'illumination et était devenu 'Bouddha'. Il avait trouvé la voie du salut en se libérant de ses passions, en pratiquant le "vide". Ce sont les points communs avec le taoisme qui vont permettre au bouddhisme de se développer en Chine.

[4] Ce titre n'est pas toujours traduit. "'Le Livre de la Voie et de la Vertu" est la traduction la plus courante. Il faut entendre ici par "Vertu" le principe qui permet au Dao 道 d'entrer en action, de développer en lui-même ses propres vertus (un peu comme le fait une plante médicinale en ce qui concerne ses vertus).
Jing 经 (dans 道 德 经) signifie que l'ouvrage concerné comporte un enseignement éminent.Cf. p. 197.

le style n'est pas toujours homogène (y aurait-il eu plusieurs auteurs ?) et qui a pour but de nous éclairer sur la véritable nature des choses et sur l'attitude que l'on doit adopter pour être en communion avec le Dao 道 .

Qu'est-ce que le Dao 道?

Le Dao 道, selon Laozi 老子 est "*indifférencié et parfait* "[5]. Il a surgi avant que le monde ne soit créé et on peut le considérer comme "la mère" de tous les êtres. Cette appellation lui est donnée pour les besoins de la communication car selon Laozi 老子, le nommer, c'est le hiérarchiser parmi les êtres et les choses : "Je l'appellerai Dao 道 , et s'il faut lui donner un surnom, ce sera Dayi 大一, "*l'Immense Un*"[6], dit-il.

Contrairement à Confucius qui considère que l'univers est hiérarchisé[7], Laozi 老子 considère que classer les êtres et les choses empêche de saisir l'unité profonde de l'univers et renforce la notion de multiplicité[8]. Le caractère insaisissable, indescriptible du Dao 道 est nettement ressenti dès le premier chapitre du Daodejing 道德经 dont voici les deux premiers vers puis une traduction approchée[9] :

1er vers : 道可道非常道。

2ème vers : 名可名非常名。

"Le Dao qu'on tente de formuler 道[10] *n'est pas le Dao véritable* 常[11]" et : "*Le nom qu'on veut lui donner n'est pas le nom qui lui convient*". C'est à dire qu'il est inutile de tenter de le conceptualiser et si on lui donne un nom, c'est juste pour faciliter la communication.

Le De 德 et **sa vertu.**

La suite du Daodejing 道德经 nous permet d'entrevoir la vraie nature du Dao 道. Celui-ci, sous l'action du De 德, peut entrer en action et se réaliser sous la forme des "dix mille choses"[12] qui nous entourent. Lorsqu'il n'est pas mû par le De 德, il est à l'état de "Non-être". Sinon, il est à l'état d'"Etre".

" Par le 'Non-être', nous sommes face à un mystère,
Par l''Être', nous arrivons à le pénétrer."[13]

Par "Non-être", Laozi 老子 entend tout ce qui est virtuel ou à l'état d'essence ou encore "vide" d'existence particulière. Par "Être", Laozi 老子 entend tout ce qui existe et qui est accessible à notre entendement mais aussi à nos cinq sens[14].

Il existe plusieurs traductions du Daodejing, la plus ancienne date de 1851 et est due à Stanislas Julien.

[5] Cf. ch. XXV.

[6] Cf.ch. XXV, XXXII et XLII.

[7] Cf. p. 209.

[8] Parallèle avec le bouddhisme : on considère, dans le bouddhisme, que notre pensée n'est ni linéaire ni fractionnée et que c'est nous qui la rendons ainsi en classant les choses. Si l'on fait une comparaison avec le phénomène de la vue, on s'aperçoit effectivement qu'on a deux sortes de vues :
- une vue centrale, destinée à voir un objet précis ; on ne voit les objets qu'un à un ;
- une vue périphérique qui voit l'ensemble.
Il s'agit, dans le bouddhisme Zen, d'avoir une vue globale et non fractionnée.

[9] On pourra lire également les chapitres XII et XIV (en réalité de courts textes) dans la traduction du Daodejing par Liou Kia Hway, Ed. Gallimard, 1967).

[10] 道 *dao* a aussi le sens de "dire, parler, exprimer, formuler".

[11] 常 *chang* signifie plus exactement "durable, constant, éternel"

[12] Laozi 老子entend par "dix mille choses" toutes les créations de l'univers.

[13] Cf. ch.I du Daodejing.

[14] C'est à dire les sens traditionnels en Occident.

Laozi 老子 utilise des métaphores et compare le "Non-être" au "Vide". Mais auparavant il tente d'en établir une approche et assimile le Dao 道 à un soufflet Celui-ci est vide mais il est capable, une fois actionné, de produire du souffle à volonté[15]. De même le Dao 道, sous l'impulsion de son De 德, entre dans une phase dynamique et produit les "dix mille choses". Les deux métaphores suivantes donnent également une bonne approche à la fois du Dao 道, de la notion de "Vide" et du De 德 qui réside en lui: "*On pétrit l'argile en forme de vase mais c'est là où il n' y a rien que réside sa raison d'être*". Et: " *Une maison à laquelle on accède par portes et fenêtres offre un habitacle là où il n'y a rien*" [16].

Le Dao 道 présente donc un aspect mystérieux et transcendant mais, grâce au pouvoir efficace de son De 德, il peut entrer dans une phase de mouvement et de dynamisme.

Le Dao 道, en résumé, est une entité supérieure qui transcende le 'Non-être", ou son aspect mystérieux et caché, et l'"Être", ou son aspect sensible.

Ces deux modes "Être" et "Non-être" ont un fond unique mais leurs noms diffèrent.

L'approche graduelle du Dao 道.

La communion avec le Dao 道 ne peut être que graduelle car seules les choses sensibles sont accessibles[17]. L'accès au mystérieux, au caché, à l'invisible, se limite au ciel et à la terre qui, les premiers, ont été engendrés par le Dao 道. Mais notre pouvoir s'arrête là. Laozi 老子 témoigne son impuissance en disant "*qu'il le scrute du regard et ne voit rien...; qu'il prête l'oreille et n'entend rien...; qu'il tente de le palper* et *qu'il ne sent rien...*" En un mot, selon Laozi 老子, le Dao 道 est "*invisible*", "*inaudible*" et "*impalpable*"[18]. Les tout premiers produits engendrés par le Dao, le Ciel et la Terre, réalités sensibles, produisent à leur tour "les dix mille choses". Mais au départ le Dao 道 et son De 德 forment l' Un (Yi 一) . L'Un se divise en deux : le Ciel (Yang 阳) et la Terre (Yin 阴).[19]. Le chiffre "Trois" représente l'unité du Yin 阴 et du Yang 阳. "Trois" et "'Un" représentent deux symboles équivalents : "Trois", c'est "Un" dans sa forme développée ; "Un", c'est "Trois" dans sa forme concentrée.[20]

Le Dao 道 serait-il féminin?

Le Dao 道 est quand même source de vie ; c'est pourquoi il est symbolisé par la femelle. Nous avons vu que l'"Être" , c'était le "Non-être" dans sa phase dynamique. La conversion du 'Non-être' à l'"Être" implique un mouvement qui se répercute aux choses. Mais, ces choses sensibles ne sont pas éternelles, elles sont soumises à un

---

15 Cf. ch. V.

16 Cf. ch. XI. Nous donnons ici une traduction, propre à rendre l'esprit du Daodejing 道德经. Cf. ch. XI

17 Parallèle avec le bouddhisme : l'approche d'une réalité mystique, qui est au-delà des choses sensibles, repose sur la comparaison du miroir utilisée par les taoistes eux-mêmes et les bouddhistes. L'au-delà est comme un miroir qui ne reflète rien et tout à la fois. Mais, lorsque nous voulons nous en servir, seule une représentation fractionnée de la réalité s'offre à nous. Notre jugement est continuellement faussé. Il faut apprendre à se servir de ce miroir, il faut qu'il reflète l'ensemble de l'univers et rien à la fois.

18 Cf. ch. XIV.

19 Sur le Yin 阴 et le Yang 阳, cf. p. 199.

20 Cf. ch. XLII.

mouvement qui les fait retourner à l'état de "Non-être"[21].

La loi commune.

Les êtres engendrés par le Dao 道 foisonnent, mais en leur temps et selon la loi commune, font retour à leur racine, à leur condition originelle qui est le "Non-être". C'est alors qu'ayant trouvé la quiétude, ils peuvent entrer en communication avec le Dao 道 :

: " *Revenir à sa condition originelle c'est la loi commune. Parvenir à ce point, c'est être éclairé...c'est devenir parfait comme le Ciel et la Terre... C'est pouvoir s'identifier au Dao 道... C'est aussi être éternel*[22]*".*

Le Vide en soi.

Afin de s'identifier au Dao 道, l'adepte taoiste fait régner en lui le "Vide". C'est pourquoi il essaye de se libérer d'une part de toute crainte devant le phénomène de la vie et de la mort auquel sont soumises les choses et d'autre part, il essaye de réaliser en lui l'unicité du Dao 道. Pour cela, il adopte différentes attitudes: l'une qui concerne le domaine de la connaissance et l'autre qui a un rapport avec le domaine de l'action.

Le taoisme et la connaissance.

Les taoistes condamnent toute connaissance discursive parce qu'elle introduit la multiplicité dans l'âme alors que cette dernière doit être unifiée dans le Dao 道. Ils condamnent la multiplicité, parce que tout jugement, toute affirmation, suscite forcément son contraire : "*Chacun affirme que ce qui est beau est beau et c'est ainsi qu' apparait la notion de laideur*"[23]. Ou : "*Facile et difficile n'existent que l'un par l'autre ; long et court ne se justifient que si on établit une comparaison*[24]".

Laozi 老 子 prône la connaissance intuitive et considère que ni les études ni les efforts fournis ni le recours à la pensée discursive ne permettent de pénétrer le Dao 道: "*Ceux qui voudraient appréhender le Dao 道 par l'étude cherchent ce que l'étude ne livre pas. Ceux qui voudraient l'atteindre par l'effort cherchent ce que l'effort ne fournit pas. Ceux qui voudraient l'obtenir par la réflexion cherchent ce que la réflexion ne donne pas* [25] ."

L'attitude de l'esprit doit être une attitude spontanée qui fait jaillir le subconscient. Elle est à rapprocher de l'attitude qu'avaient les devins qui devaient interpréter les craquelures sur des supports contenant des inscriptions et soumis à l'action du feu[26].

La connaissance intellectuelle apprécie les objets de l'extérieur. Elle établit des comparaisons ou engendre des jugements qui sont relatifs et qui, de

---

21 Il y a ici un parallélisme à établir avec le phénomène de la réincarnation dans l'hindousime (religion née au IIe millénaire av. J.-C. en Inde).

22 Cf. ch. XVI.

23 Cf. ch. II.

24 Cf. ch. II. La religion hindouiste qui repose sur la fusion du moi individuel et du moi universel considère également que la con-naissance ne peut s'appuyer sur des comparaisons.

25 Cf. ch. LXXI. Il y a ici un parallélisme à établir avec le bouddhisme mahayaniste (qui est une expansion du bouddhisme primitif appelé hinayanisme) : selon cette doctrine, dans tout l'univers, il n' y a rien à saisir et personne pour saisir. La spontanéité doit l'emporter.

26 Sous la Chine des Shang 商 (XIIIe – XIe s. av. J.-C., les procédés de divination consistaient essentiellement à graver des inscriptions sur des supports que l'on soumettait à l'action du feu. Les craquelures obtenues étaient interprétées et donnaient lieu de réponse. Bon nombre d'écailles de tortue et d'omoplates d'animaux gravées de caractères archaiques ont été retrouvés sur le site de l'une des capitales de cette dynastie, situé dans l'actuel Henan 河 南。

surcroît, suscitent l'existence de jugements contraires. La connaissance est source de dispersion et empêche de communiquer avec le Dao 道:
" Les cinq couleurs éblouissent les yeux ; les cinq notes assourdissent les oreilles ; les cinq saveurs confondent le palais."[27]
Les contradictions, les complémentarités, les variétés qui existent dans la nature s' annihilent au sein du Dao 道.
Pour parvenir à la communion avec lui, la méditation mystique s'impose et pour cela il faut se concentrer[28] et faire "jeûner son cœur". Le "jeûne du cœur" conduit à la méditation mystique. La méditation se traduit par la respiration qui s'affaiblit et par une extase mêlée de sérénité qui se lit sur le visage[29].

Le "Non-agir" ou "Wuwei" 无为.
Il va sans dire que le taoiste condamne les passions, les désirs, qu'il ne se mêle pas à la vie sociale. Il va jusqu'à préconiser l'ignorance et, dans la vie, pratiquer le "Non-agir" ou Wu Wei 无为 afin de se conformer à l'image du Dao 道 : c'est parce qu'il est "Non-être" c'est-à-dire " non-agissant" qu'il est capable de toutes les réalisations. L'adepte taoiste se garde bien d'intervenir. Il laisse au contraire chaque chose se développer selon sa propre nature. L'attitude qu'il propose aux gouvernants est la suivante : S'ils *" sont capables d'adopter cette attitude de Non-intervention, les dix mille êtres ne tarderont pas à suivre d'eux mêmes l'exemple donné."*[30] *Et : "Si on ne prisait pas les biens rares, il n' y aurait pas de voleurs... Si on n'exaltait pas les hommes de talent, il n' y aurait pas pas de jaloux... Si on n'excitait pas les désirs, on éviterait que les esprits soient troublés."*[31] Intervenir, c'est empêcher le Dao 道 d'exercer son influence. L'action naturelle du Dao 道 n'est pas soumise à une réversibilité quelconque. En revanche, l'action de l'homme suscite toujours une réaction. Cela ne veut pas dire que le "Non-agir" soit synonyme de passivité, de soumission à la loi du plus fort. Il s'agit d'être souple et de ne provoquer personne. Ainsi, s'assurer de pouvoir gouverner c'est abandonner le peuple à lui-même, ne pas éveiller en lui des envies tout en veillant cependant à ce qu'il n'ait pas faim[32]. Et en cas de guerre ne se servir de ses armes que si on ne peut faire autrement[33]: " *Rien, ici-bas, n'est plus souple que l'eau; pourtant, il n'est rien qui ne lui résiste."*[34] Dans le taoisme primitif, le

[27] Cf. chapitre XII. Le chiffre "cinq" évoque les correspondances que les Chinois établissent avec les points cardinaux et les créations de la nature, cf. p. 198.

[28] Dans le bouddhisme Zen, il n' y a aucune discrimination entre le sujet qui connaî t, le fait de connaître et le connu.

[29] Ce que les taoistes appellent "perte de conscience", c'est l' absence d'esprit" du Zen, c'est à dire l'absence de prise de conscience de soi. La conscience de soi nous empêche d'être nous-mêmes, d'être vrais. L'histoire du mille-pattes en est une bonne illustration : il était heureux, très heureux jusqu'au jour où un crapaud facétieux lui demanda : "Dis-moi, je t'en prie, dans quel ordre meus-tu tes pattes ?". Cela le préoccupa tant et tant qu'il ne savait plus comment faire et qu'il resta immobilisé dans son trou !
- Dans le bouddhisme Zen, pour bien tirer à l'arc, il faut se confondre avec l'arc.
- Dans la culture extrême-orientale, on considère que le chef d'œuvre a le caractère d'un accident.

[30] Cf.ch. XXXVII.

[31] Cf. chapitre III. Dans la philosophie hindouiste, le principe du Maya (monde de la classification) est un principe de relativité par lequel les choses et les événements sont classés, non par la nature mais par les hommes.

[32] Cf.ch. III.

[33] Cf. ch. XXXI.

[34] Cf. ch. LXXVIII.

Wuwei 无为 engage à ne rien faire qui ne soit naturel ou spontané et propose de se laisser guider par son inconscient ou son intuition. Les penseurs taoistes considèrent que l'adresse la plus extraordinaire relève du domaine de l'inconscient et que c'est en agissant instinctivement qu'on obtient les meilleurs résultats. Autrement dit, le taoisme est la poursuite d'une connaissance directe de la vie, sans passer par une représentation mentale et linéaire des choses.

CHRONOLOGIE TRADITIONNELLE DES DYNASTIES CHINOISES[1]

Dynastie des Xia 夏	**2207-1766**
Dynastie des Shang-Yin 商 殷	**1766-1122**
Dynastie des Zhou 周	**1122-256**
Zhou occidentaux, Xi Zhou 西周	1122-770
Zhou orientaux, Dong Han 东汉	770-256
Période des Printemps et Autmone, Chunqiu 春秋	722-453
Royaumes combattants, Zhanguo 战国	453-221
Dynastie des Qin 秦	**221-206**
Dynastie des Han 汉	**206 av.-220 ap**
Han occidentaux, Xi Han 西 汉	206 av.-9 ap
Nouveaux Han, Xin Han 新 汉	9- 25
Han orientaux, Dong Han 东 汉	25-220
Les Trois Royaumes San Guo 三国	**220-280**
Dynastie des Jin occidentaux, Xi Jin 西 晋	**280-316**
Jin orientaux, Dong Jin 东晋 [2]	**317-389**
Dynastie des Song ou Liu Song 刘 宋	**420-479**
Dynastie des Qi 齐	**479-502**
Dynastie des Liang 粱	**502-557**
Dynastie des Chen 陈	**557-589**
Dynastie des Sui 隋	**589-618**
Dynastie des Tang 唐	**618-907**
Période des Cinq dynasties du Nord et des Dix Royaumes du Sud	**907-960**
Dynastie des Song du Nord, Bei Song 北宋	**960-1127**
Dynatie des Song du Nord, Nan Song 南宋	**1127-1276**
Dynastie des Yuan (Mongols) 元	**1276-1368**
Dynastie des Ming 明	**1368-1644**
Dynastie des Qing 青	**1644-1911**
République Zhonghua Minguo 中华民国	**1911-1949**
République Populaire de Chine Zhonghua Renmin Gongheguo 中华人民共和国	**Depuis 1949**

[1] Les découvertes archéologiques récentes ont amené les historiens à donner d'autres dates pour les dynasties les plus anciennes, soit 2100-1600 pour les Xia et 1600-1066 pour les Shang.

[2] A partir de 386 et jusqu'en 581, le Nord de la Chine est occupé par des dynasties étrangères d'origine turque, les Wei 魏.

CARTE DE CHINE

CORRIGES DES EXERCICES

p.9 (leçon 1).
Réponse : 他 们 很 好。

p.24 (leçon 2).
Caractères rencontrés contenant l'élément 女 *nǚ* ° [1]:
好 *hǎo*,"bien/être bien".
她 *tā*, "elle".
姓 *xìng*,"s'appeler de son nom de famille".
Autres caractères: 奶 奶 *nǎinai*, "grand-mère paternelle", 妹 妹 *mèimei*, "petite sœur" (leçon 4) etc.

p. 34 (Exercices d'appropriation des l eçons 1-2-3).
p.34 (ex.1. leçons 1 et 2).
a) 我 不 冷， 我 很 热 .
b) 我 不 热， 我 很 冷。
c) 他 不 坏， 他 很 好 。

p.34 (ex.2. leçon 2).
1)
a) 他 们 都 冷。
b) 他 们 也 不 忙。
c) 他 也 很 好。
d) 她 也 不 热。
e) 她 们 都 非 常 聪 明。

2) 很 ne peut coexister avec 吗。

3) Je n'ai ni froid ni chaud.

p.34 (ex.3. leçons 2 et 3).
a) 我 不 是 北 京 人， 我 是 法 国人 。 *Wǒ bú shì Běijīngrén, wǒ shì Fǎguórén.* (Remarque: devant un 4ème ton, le ton de 不 passe au 2ème)
b) 她 们 都 不 是 法 国 人， 她 们 是 中 国人 *Tāmen dōu bú shì Fǎguórén, "Elle ne sont pas toutes françaises".*
c) 她 不 好， 她 很 累 (*lèi*).*Tā bù hǎo, tā hěn lèi.*

[1] Le signe ° indique que le caractère n'est pas indépendant

p.34 (ex.4.).
cong : 聪 (聪明 *cōngming*,"intelligent")
li : 黎 (巴黎 *Bālí*, "Paris")
ya : 亚 (亚洲 *Yàzhōu*, "Asie")
pu : 葡 (葡萄牙 *Pútaoyá*, "Portugal")
zhou : 洲 (欧洲 Ōuzhōu, "Europe")
ban : 班 (西班牙 *Xībānyá*, "Espagne")
ya : 牙 (葡萄牙 *Pútaoyá*, "Portugal")

p.37 (leçon 4).
Réponse : 对 (*duì*,"oui")，他是老师。Ou: 不，他不是老师，他是记者。

p.50 (leçon 5).
Réponse : 对，他们是好学生。

p.61 (leçon 6).
Réponse : 他十岁。

p.67 (leçon 6).
1.大 *dà*, "grand" se décompose ainsi:

Remarque: le trait horizontal est prioritaire.

2.天 *tiān*, "ciel" se décompose ainsi:

Remarque: C'est le trait horizontal le plus haut qui est prioritaire. Autre exemple 三 *san*, "trois".

3.小 *xiǎo*, "petit" se décompose ainsi:

Remarque: le caractère étant symétrique, c'est le trait du milieu qui est prioritaire.

4.中 *zhōng*°, "milieu" se décompose ainsi:

Remarque: Le trait vertical dépassant de part et d'autre le caractère 囗 *wéi*°,"enceinte" se fait en dernier.

p.68 (Exercices d'appropriation des leçons 4-5-6)

p.68 (ex.1. leçon 4).

a) 你的老师是中国人吗?
b) 你的老师是谁?
c) 他是什么人?
d) 她妹妹叫什么?
e) 他是哪国人?
f) 谁的弟弟是老师?

p.68 (ex.2. leçons 3 et 5).

a) 今天我没有会。
b) 我爸爸不是老师 (*wǒ bàba bú shì lǎoshi.* Remarque: le ton de 不 passe au 2ème ton devant un 4ème).
c) 他不聪明。
d) 我明天不上课。

p.68 (ex.3. leçon 3).

a) 我明天下午也不工作。
b) 今天晚上老师都有会。
c) 他前天下午上课。
d) 我们后天都不休息 (Aucun de nous ne se repose après-demain).
ou 我们后天不都休息 (Nous ne nous reposons pas tous après-demain).

p.68 (ex.4. leçon 6).

1)
a) 今天是几月几号 星期几?
b) 法国工人星期几不工作?
c) 你妹妹 今年几 岁?

2)
我妹妹二零零零 年十岁。

3)
他们星期五不都吃鱼。

p.74 (leçon 7).
Réponse : 他下课 以后不休息， 他 工作.

pp. 86 et 87. Exercices de révision des leçons 1 à 8)

p.86.Phrases de thème.

a) en caractères:

1. 前天是星期天。
2. 我星期三下午不工作。
3. 我下午三点半去姐姐家玩儿。
4. 我爸爸三月非常忙。
5. 学生们明年去中国.(La marque du pluriel 们 s'ajoute que derrière les noms de personne).
6. 中国人很多。他们都有自行车。
7. 学生都不是亚洲人。
8. 学生不都是法国人。
9. 他是工程师, 他没有车。
10. 打火机, 电视机, 照相机, 电脑, 等等 (*děng deng*="etc."), 日本人都有。
11. 美国人大一点.(Remarque: 高 *gāo* "haut" convient mieux que 大 *dà* pour la taille. 大 *dà* s'emploie surtout lorsqu'on dit que quelqu'un est plus âgé)
12. 我的行李重一点儿。
13. 你是谁? 你作什么工作? 你姓 (Remarque : 姓 s'emploie uniquement pour le nom de famille)什么? (你叫什么名字?)
14. 二零零零年你二十岁吗?
15. 我的生日是一月十八号 (ou日), 你 (的) 呢?
16. 一个星期没有两天, 一个星期有七天。
17. 一年有三百六十五天。
18. 爷爷两年以后是厂长。
19. 去巴黎以前我去学校。
20. 你星期天忙不忙?
21. 司机的车很多。
22. 他有很多车。
23. 他不吃肉也不吃鱼。

b)en transcription *pinyin:*

1. *Qiántiān shì xīngqītiān.*
2. *Wǒ xīngqīsān xiàwǔ bù gōngzuò.*
3. *Wǒ xiàwǔ sān diǎn bàn qù jiějie jiā wán'r.*
4. *Wǒ bàba sānyuè fēicháng máng.*

5. *Xuéshēngmen míngnián qù Zhōngguó.*(la marque du pluriel *men* ne s'ajoute que derrière les noms de personne).
6. *Zhōngguórén hěn duō. Tāmen dōu yǒu zìxíngchē.*
7. *Xuésheng dōu bú shì Yàzhōurén.*
8. *Xuésheng bù dōu shì Fǎguórén..*
9. *Tā shì gōngchéngshī, tā méi yǒu chē.*
10. *Dǎhuǒjī, diànshìjī, zhàoxiāngjī, diànnǎo, děngdeng,* (= "etc."), *Rìběnrén dōu yǒu.*
11. *Měiguórén dà yì diǎn'r.* (Remarque: *gāo*, "haut" convient mieux que *dà* pour la taille. 大 *dà* s'emploie surtout lorsqu'on dit que quelqu'un est plus âgé.)
12. *Wǒ de xíngli zhòng yì diǎn'r.*
13. *Nǐ shì shéi? Nǐ zuò shénme gōngzuò. Nǐ xìng shénme? (Nǐ jiào shénme míngzi?)*
14. *Érlínglínglíng nián nǐ èrshí suì ma ?*
15. *Wǒ de shēngrì shì yī yuè shíbā hào (ou rì), nǐ (de) ne?*
16. *Yí-ge xīngqī méi yǒu liǎng tiān, yí-ge xīngqī yǒu qī tiān.*
17. *Yì nián yǒu sān bǎi liùshíwǔ tiān.*
18. *Yéye liǎng nián yǐhòu shì chǎngzhǎng.*
19. *Qù Bālí yǐqián wǒ qù xuéxiào.*
20. *Nǐ xīngqītiān máng bù máng?*
21. *Sījī de chē hěn duō.*
22. *Tā yǒu hěn duō chē.*
23. *Tā bù chī ròu yě bù chī yú*

<u>p.87. Exercies structuraux</u>

I. 1)没 *méi* 2)不 *bù* 3) 什么 *shénme* 4) 几 *jǐ*, 几, 几 5)不 6)岁 *suì* 7)哪 国 *nǎ guó* 8)的 时 候 *de shíhou* 9)不 ou 很 *hěn* 10) 吗 *ma* 11) 谁 *shéi* 12) 的 *de*.

II. 1) 今 年 他 的 学 生 不 多。 今年他的学生多不多?
Jīnnián tā de xuésheng bù duō. Jīnnián tā de xuésheng duō bù duō?
2) 他 弟 弟 没 有 表。他 弟弟 有 没 有 表?
Tā dìdi méi yǒu biǎo. Tā dìdi yǒu méi yǒu biǎo?
3) 她 明 天 不 休 息。 她 明 天 休 息 不 休 息?
Tā míngtian bù xiūxi. Tā míngtiān xiūxi bù xiūxi?
4) 他下个月不 忙。 他下个月忙 不 忙?
Tā xià ge yuè bù máng. Tā xià ge yuè máng bù máng?

<u>p.102 (leçon 9).</u>

La question était: "<u>Le plus</u> rapide, c'est d'aller à cheval, n'est-ce pas?"
(<u>Remarque:</u> 最 *zuì* est la marque du superlatif).

p.112 (leçon 9).
1.看 书
2.参 观 学校
3.听 妈 妈 说 话
4.买 表
5.学 骑 自 行 车

p.114 (Exercices d'appropriation des leçons 7-8-9)

p.114 (ex.1. leçon 7).

1)

a) 记 者 是 美 国 人 吗? / 记 者 是 不 是 美 国 人? / 记 者 是 哪 国 人?

b) 他 明 天 几 点 半 有 课? / 他 明 天 九 点 半 有 课 吗?

c) 你 老 师 姓 什 么? / 你 老 师 姓 不 姓 张?

2)

a) 以 前, 我 是老 师, 现 在 我 是 记 者。

b) 工 作 以 后, 我 休 息。

c) 下 课 以 后, 来 我 家 玩儿。

d) 上 课 以 前, 你 作 什 么?

p.114 (ex.2. leçons 7 et 9).

a) 坐 火 车 贵 一 点 儿。

b) 学 生 请 老 师 再 说 一 遍。

p.114 (ex.3. leçon 8).

a) 朋 *péng*° de 朋友 *péngyou*, "ami", a pour clé 月 *yuè*,"lune" (cf. V – 7).

b) 在 *zài* (préposition de localisation) a pour clé 土 *tǔ*, "terre" (cf. V-3).

c) 钱 *qián*, "argent", a pour clé 金 (= 钅) *jīn*, "métal / or" (cf. V-20).

d) 张 *zhāng* (spécif. et nom de famille) a pour clé 弓 *gōng*, "arc" (cf.VII- 2).

p.114 (ex.3.leçon 9).

1)

a) 在 飞 机 场 不 能 买 票。 (Remarque: à la forme négative, 可以 est remplacé par 能, cf.p.105.)

b) 去 巴 黎 怎 么 走?

2)

a) 他 有 一 辆 大车。

b) 这 部 小 说 是 我 的。

d) 谁 有 两 把 伞?

p.122 (leçon 10).
Réponse : 他 坐 马 车。

p.123 (leçon 10).
Réponse : 他 不 用 刀 叉 吃 饭， 他 用 筷 子吃 饭。

p.124 (leçon 10).
Réponse : 他 们 是 这 个 孩 子 (*háizi*, "enfant")的父母。

p.125 (leçon 10).
Réponse : 他 们 是 朋 友 也 是 同 事。

p.131 (leçon 11).
他 们 喝 茶。

p.137 (leçon 11).
a) 好 听 的 中 国 歌 儿
b) 难 看 的 车。
c) 好 喝 的 酒。

p.148 (leçon 12).
a) 对，广东在中国的南部。
b) 北 京 在 中 国 的 北 部。
c) 法 国 在 欧 洲 的 西 部。

p.149 (leçon 12)
对， 这 儿 有 楼 梯。

p.150. (Exercices d'appropriation des leçons 10-11-12).
p.150 (ex.1).
a) 他 会 写 毛笔 字。
b) 谁 会 唱 美 国 歌?
c) 看 中 文 书 很 好。

d) 我不说北京话。

p.150 (ex.2).
a) 你没去过中国吗?
b) 你去哪儿?
c) 很少有机会去那儿。
d) 早上我先吃早饭，后去学校。
e) 菜单在哪儿?

p.150 (ex.3).
a) 中国人都会骑自行车。
b) 谁知道老师在哪儿?
c) 你会作什么?
d) 没有人知道他没有钱。
e) 日本人也会用筷子吃饭。

p.150 (ex.4).
a) 中国画很好看。
b) 他有一本日本书。
c) 美国表很贵。
d) 新车不便宜。

p.150 (ex.5).
a) 在法国可以学汉语。
b) 今天妈妈在巴黎。
c) 电话机在电脑旁边儿。
d) 咖啡馆在学校外边儿。

p.161 (leçon 13).
a) 上课的时候，学生们不能说话。(A la forme négative, 可以 est remplacé par 能. Cf. leçon 9 p.105).
b) 客厅里有电视机。
c) 厨房里也可以吃饭。
d) 他去音乐厅听音乐。

p.162 (leçon 13).
Réponse : 他在书房看书。

p.163 (leçon 13).
Réponse : 他 看 的 是 竹 子 (*zhúzi*,"bambou")书.

p.172 (leçon 14).
Réponse : 对，他 们 上 船。

p.173 (leçon 14).

法国 *Făguó*, "France"
法文 *făwén*," langue française"
法语 *făyŭ*, "langue française"
语法 *yŭfă*, "grammaire"
办法 *bànfă*, "méthode"
看法 *kànfă*, "manière de voir"
想法, *xiăngfă*, "manière de penser"
做 (作) 法 *zuòfă*, "manière de faire"
书法 *shūfă*, "calligraphie"

p.182 (leçon 15)
a) 谁要和我见面?
b) 有人要和你见面。

p.184 (Exercices d'appropriation des leçons 14-14-15)

p.184 (ex.1).
a) 飞 机 场 离 火 车 站 很 近。
b) 我的书是下边的。
c) 天 气 好 的 时 候 有 很 多 花。
d) 安 娜 写汉 字 写 得不快。

p.184 (ex.2).
a) 记 者 说 外 语 说 得 快。
b) 这 儿 没 有 人 喜 欢 打 网 球。
c) 老 师 的 电 脑 是 新 的。
d) 哥 哥又是 记 者 又 是 翻译。

p.184 (ex.3).
a) 桌 子 上 有 我 的 照 相 机。
b) 八 月 学 生 们 不 在 学校。
c) 中 国 有 很 多 自 行 车。

p.184 (ex.4).
a) 巴 黎 离 北 京 很 远， 不能走路去。
b) 可 以 坐 船 去英国。
c) 我 家 离 学 校 不 近， 我 坐 车 去。

p.184 (ex.5).
a) 哥 哥 十 八 岁 了， 他 快 要 上 大 学 了。
b) 现 在 半 夜 了， 我 就 要 回 家 了。

pp.187-190 (leçon 16). Exercices de révision générale.

p.187. Phrases de thème.

a) en caractères:

1.明 天 我 再 去 火 车 站 买 票。(再 indique la répétition de l'action dans le futur. Cf. leçon 9, p.107).
2. 中 国 人 骑 自 行 车 去工 作.
3. 邮 局 离 火 车 站 不 远， 可 以 走 路 去。
4. 大 夫 要 我 星 期 天 休 息。
5. 你 和 (ou 跟) 中 国 朋 友 一 起 吃 过 饺 子 吗?
6. 西 方 人 不 会 用 筷 子 吃 饭， 可 是 知 道 中 国 人 会 用 筷 子。
7. 我 朋 友 游 泳 游 得 很 快。
8. 飞 机 场 在 北 京 的 北 边 儿。
9. 我 听 说 这 个 日 本 工 厂 的 工 人 都 去过 美 国。
10.在 中 学 旁 边 儿 的 咖 啡 馆 不 能 喝 啤 酒。
11.请 你 来 一 瓶 啤 酒 和 两 杯 茶.
12.我 希 望 明 年 三 月 去 中 国。
13.我 姐 姐 有 三 支 毛 笔， 我 有 两 支。
14.在 休 息 室 不 能 抽 烟。
15.七 点 了， 快 一 点 儿， 我 们 就 要 上 车 了。
16.法 文 老 师 想 和 这 个 孩 子 的 父 母 见 面。
17.这 个 作 者 想 写 两 部 小 说， 那 个 想 写 十 部。
18.在 哪 儿 可 以 打 电 话? 要 走 哪 条 路?
19.中 国 啤 酒 是 好 喝 的 啤 酒。
20.天 气 好 的 时 候 我 们 在 花 园 休 息。

b) en transcription *pinyin*:

1 .*Míngtiān wǒ zài qù huǒchēzhàn mǎi piào*. (*Zài* indique la répétition de l'action dans le futur).
2 .*Zhōngguórén qí zìxíngchē qù gōngzuò.*
3 *Yóujú lí huǒchēzhàn bù yuǎn, kěyǐ zǒu= lù qù.*
4. *Dàifu yào wǒ xīngqītiān xiūxi.*
5. *Nǐ hé Zhōngguó péngyou yìqǐ chī guo jiǎozi ma?*
6. *Xīfāngrén bú huì yòng kuàizi chī=fàn, kěshì zhīdao Zhōngguórén huì yòng kuàizi.*

7. *Wǒ péngyou yóu=yǒng yóu de hěn kuài.*
8. *Fēijīchǎng zài Běijīng de běibianr.*
9. *Wǒ tīngshuō zhè-ge rìběn gōngchǎng de gōngrén dōu qù-guo Měiguó.*
10. *Zài zhōngxué pángbian'r de kāfēiguǎn bù néng hē píjiǔ.*
11. *Qǐng nǐ lái yì-píng píjiǔ hé liǎng bēi chá.*
12. *Wǒ xīwàng míngnián sānyuè qù Zhōngguó.*
13. *Wǒ jiějie yǒu sān zhī máobǐ, wǒ yǒu liǎng zhī.*
14. *Zài xiūxīshì bù néng chōu=yān.*
15. *Qī diǎn le, kuài yì diǎn'r, wǒmen jiù yào shàng=chē le.*
16. *Fǎwén lǎoshī xiǎng gēn zhè-ge háizi de fùmǔ jiàn=miàn.*
17. *Zhè-ge zuòzhě xiǎng xiě liǎng bù xiǎoshuō, nà-ge zuòzhě xiǎng xiě shí-bù.*
18. *Zài nàr kěyǐ dǎ diànhuà? Yào zǒu nǎ-tiáo lù?*
19. *Zhōngguó píjiǔ shì hǎohē de píjiǔ.*
20. *Tiānqi hǎo de shíhou, wǒmen zài huāyuán xiūxi.*

<u>p.188. Exercices structuraux.</u>

1. 个
2. 本, 本
3. 双
4. 辆
5. 匹
6. 条
7. 个
8. 份
9. 只
10. 个
11. 个
12. 把
13. 个 ou 间 *jiān*
14. 个，个
15. 种
16. 座 *zuò* ou 所 *suǒ*
17. 张
18. 个
19. 本
20. 种

<u>p.189.</u>

1)
- a) 和 mais on peut mettre aussi 跟
- b) 用
- c) 没
- d) 不

e) 很
f) 是
g) 多少
h) 几
i) 会
j) 知道
k) 在
l) 是
m) 去
n) 来
o) 女孩儿
p) 女儿

p.190.

2)

a) 工人没有汽车。
b) 他一九八八年没 (有) 去过中国。
c) 农民不会写字。
d) 记者写汉字写得不快。
e) 姐姐包饺子包得不好。

INDEX GRAMMATICAL

(Les chiffres indiqués correspondent aux numéros de séquences)

A	
a 啊 (interjection)	**1**
Adjectifs démonstratifs *zhè* 这, *nà* 那	**9**
Adjectifs interrogatifs *nǎ?* 哪?	**3** **9** **15**
shenme? 什么?	**4**
Adverbes (généralités)	**11**
Adverbe de totalité *dōu* 都	**2**
Adverbe d'affirmation *hěn* 很	**1**
Adverbe d'addition *hái* 还	**13**
Adverbe d'égalité *yě* 也	**2**
B	
ba 吧 (marque de l'impératif)	**12**
bēi 杯 (spécificatif)	**11**
bù 不 (négation)	**2**
C	
chē 车 (suffixe nom. générique)	**7**
Circonstanciel d'accompagnement	**15**
Circonstanciel de lieu	**12**
Circonstanciel de moyen	**10**
Circonstanciel de moyen locomotion	**9**
Circonstanciel de temps	**5**
Classificateur (cf. Spécificatif)	**9**
Complément circonstanciel (cf. ci-dessus)	
Complément d'appréciation (appelé aussi complément de degré)	**14**
Conjonctions (généralités)	**11**
Conjonction de temps *yǐqián* 以前, *yǐhòu* 以后	**7**

Construction des verbes d'état mental comme *xiǎng* 想 ou *zhīdao* 知道	**12**
D	
dāng 当 (verbe)	**15**
de 的, particule structurale de détermination	**4** **10** **11**
de 的 précédée d'une proposition déterminante	**13**
de shíhou 的 时 候 (conjonction)	**13**
de 得 (particule structurale du complément d'appréciation, appelé aussi 'de degré')	**14**
dì 第 (préfixe des noms de nb.)	**5**
diǎn'r 点儿 (partitif)	**10**
diǎn 电 (préfixe nominal)	
dōu 都 (adverbe de totalité)	**2**
duōshǎo 多少, (interrogatif des noms de nombre > 10)	**9**
E	
èr 二 (nom de nombre) / note 2	**5**
F	
fǎ 法 (suffixe nom. générique)	**14**
G	
gēn...(yíkuàir) 跟...(一...块 儿)	**15**
guo 过 (suffixe verbal)	**10**
H	
hái 还 (adverbe)	**13**
háishì 还是 (adverbe)	**9**
hé 和 (préposition)	**15**
hé...(yìqǐ) 和...(一 起)	**15**
*hé...(yíkuài'r)*和...(一 块 儿)	**15**

hái 还 (adverbe)	**13**
háishì 还是 (adverbe)	**9**
hé 和 (préposition)	**15**
hé...(yìqǐ) 和...(一 起)	**15**
*hé...(yíkuài'r)*和...(一 块 儿)	**15**
hěn 很 (adverbe d'affirmation)	**1**
hěn 很 devant verbe d'état psychologique ou mental	**12**
Heure ponctuelle (*diǎn* 点)	**7**
hòu 后 (conjonction adverbiale)	**12**
*huì*会 (verbe auxiliaire)	**10** **11**
I	
Interrogatifs des noms de nombre: *jǐ?* 几? < 10 *Duōshǎo?* 多少? > 10	**6** **9**
Interrogation (généralités)	**6**
Interrogation avec *ma?* 吗?	**6**
Interrogation forme alternative	**6**
J	
jī 机, suffixe nom. générique	**7**
jǐ? 几? (interrogatif des noms de nombre < 10)	**6**
jiù 就 (conjonction adverbiale)	**12** **15**
jiù yào...le 就要... 了 (futur)	**15**
K	
kuài yào ...le 块 要... 了 (futur)	**15**
kěyǐ 可以 (verbe auxiliaire)	**9**
L	
lái 来 (verbe de direction) " " (auxiliaire directionnel)	**7** **12** **14**
le 了 (particule modale)	
lí 离 (préposition)	**13**
liǎng 两 (nom de nombre)	**5**
Localisation	**9** **12**

M	
ma? 吗? (particule modale interrogative)	**2**
méi 没 (négation de *you* 有)	**5**
N	
nǎ 哪 (adj. interr.)	**3** **9** **15**
nà 那 (adj. et pron. dém.)	**9**
nà! 那! (interjection)	**15**
nàme 那么 (conjonction)	**10**
nǎli! 哪 里! (interjection)	**10**
nǎli? 哪里? (interrogatif des noms de lieu)	**15**
nàr 那儿 (nom de lieu)	**12**
nǎr 哪儿 (interrogatif des noms de lieu)	**15**
ne 呢 (particule modale)	**1**
něi 哪 (adjectif interrogatif)	**15**
néng 能 (verbe auxiliaire)	**9**
nián 年 (année civile)	**6**
Noms de lieu	**10** **12** **15**
Noms de nombre	**6**
Noms de temps	**10** **12** **15**
P	
Particule modale *le* 了	**14**
píng 瓶 (spécificatif)	**1**
Points cardinaux	**12**
Préfixe *dì* 第 (nom de nombre) " *dian* 电	**5** **7**
Pronoms personnels	**1**
" interrogatifs *shéi* 谁 *shénme* 什么	**4** **2**
Proposition déterminante " " de temps	**13** **13**

Q	
qǐng 请 (verbe d'ordre)	**9**
qǐngwèn 请问 (locution)	**9**
qù 去 (verbe de direction)	**7** **12**
" " (auxiliaire directionnel)	**14**
R	
Répétition du verbe	**13**
S	
shàng 上 (suffixe de localisation)	**9**
" " (verbe)	**9**
shì 是 (verbe d'existence)	**3**
" " (" " , obligatoire?)	**5**
shì ma? 是吗? (locution)	**9**
shéi? 谁? (pronom interrogatif)	**4**
*shénme?*什么? (pronom ou adjectif interrogatif)	**4**
shuāng 双 (spécificatif)	**10**
Spécificatifs (ou classificateurs)	**9**
Suffixes de localisation	**9** **12**
Suffixes nom. génériques *chē* 车	**7**
" " " " *fǎ* 法	**14**
" " " " *jī* 机	**7**
" " " " *wén* 文	**14**
" " " " *yǔ* 语	**11**
" " " " *yuán* 员	**4**
" " " " *zhě* 者	**4**
Suffixe verbal *guo*过	**10**
suì 岁 (année d'âge)	**6**
Suppression du nom	**12**
T	
Transivité des verbes	**11**
V	
Verbes adjectivaux	**1**

Verbes auxiliaires comme : *huì* 会	 **10** **11**
kěyǐ 可以	**9**
néng 能	**9**
xiǎng 想 etc.	**12**
Verbes auxiliaires directionnels (*lai* 来 et *qu* 去)	**14** **14**
Verbes de qualité (cf. verbes adjectivaux)	
Verbes d'état mental comme *xiǎng* 想 (construction des ...)	 **10**
Verbes d'existence : *shì* 是	 **3**
yǒu 有	**5**
zài 在	**9**
Verbes-objet	**5** **10**
W	
wén 文 (suffixe nom. générique)	**14**
Y	
yě 也 (adverbe d'égalité)	**2**
yì diǎn'r 一点儿	**7**
" " " " (partitif)	**10** **12**
yǐhòu 以后 (conjonction)	**7**
yíkuài'r 一 块 儿	**15**
yǐqián 以前	**7**
yòng 用 (préposition et verbe)	**10**
yǒu 有 (verbe d'existence)	**5**
yòu 又 (adverbe)	**13**
yǔ 语 (suff.nom. générique)	**11**
yuán 员 (suff.nom.générique)	**4**
X	
xià 下 (suffixe de localisation)	**9**
xiān 先 (adverbe)	**12**
xiǎng 想 (verbe d'état mental)	**12**
xīn 新 (adverbe= nouvellement)	**13**
xiē 些 (spécificatif pluriel)	**10**

zhĕ 者 (suff. nom. générique)	**4**
zhè 这 (adj. et pronom dém.)	**9**
zhèr 这儿, (nom de lieu)	**10**
zhīdao 知 道,	**11**
zhŏng 种, (spécificatif)	**15**
zuì 最, (marque de superlatif)	**9**
zuò 坐 (+ nom de moyen de locomotion)	**9**

Lexique

français	chinois	pinyin	leçon
à / au (préposition incompatible avec les verbes de mouvements)	在	*zài*	9
à bicyclette	骑自行车	*qí zìxíngchē*	9
à cheval	骑马	*qí mǎ*	9
à côté (de)	旁边儿	*pángbian'r*	12
à droite	右边儿	*yòubian'r*	12
à gauche	左边儿	*zuǒbian'r*	12
à la fois ... à la fois	又...又	*yòu ... yòu*	13
à l'aide de	用	*yòng*	10
à l'est	东边儿	*dōngbian'r*	12
à l'extérieur / hors de	外边儿	*wàibian'r*	12

français	*chinois*	*pinyin*	*leçon*
à l'instant	刚刚	*gānggāng*	14
à l'intérieur / dans	里边儿	*lǐbian'r*	12
à l'ouest	西边儿	*xībian'r*	12
à nouveau	再	*zài*	9
à pied	走路	*zǒu=lù*	13
acheter	买	*mǎi*	9
acteur	演员	*yǎnyuán*	4
adulte	大人	*dàren*	13
aéroport	飞机场	*fēijīchǎng*	9
Afrique	非洲	*Fēizhōu*	3
ah ! ah ?	啊！？	*a ! a ?*	1
aimable / être aimable	和气	*héqi*	14
aimable / être aimable	客气	*kèqi*	14
aimer	爱	*ài*	12
aimer (bien)	喜欢	*xǐhuān*	12
ainsi / alors	那么	*nàme*	5
alcool	酒	*jiǔ*	11
Allemagne	德国	*Déguó*	3
Allemand(e)	德国人	*Déguórén*	3
allemand	德文	*déwén*	14
allemand (oral)	德语	*déyǔ*	11
aller	去	*qù*	7
aller / marcher	走	*zǒu*	9
alors	就	*jiù*	12
ambassade	大使馆	*dàshǐguǎn*	10
Américain(e)	美国人	*Měiguórén*	3
Amérique	美国	*Měiguó*	3
ami	朋友	*péngyou*	10
amuse-gueule	小吃	*xiǎochı*	15
amuser (s')	玩儿	*wán'r*	7
an, année civile	年	*nián*	6
Anglais(e)	英国人	*Yīngguórén*	3
anglais	英文	*yīngwén*	14
anglais (oral)	英语	*yīngyǔ*	11
Angleterre	英国	*Yīngguó*	3
animal	动物	*dòngwù*	9
année (âge)	岁	*suì*	6
année (calendrier)	年	*nián*	6

français	*chinois*	*pinyin*	*leçon*
année dernière	去年	*qùnián*	6
année prochaine	明年	*míngnián*	6
anniversaire	生日	*shēngrì*	6
août	八月	*bāyuè*	6
appareil photographique	照相机	*zhàoxiāngjī*	7
appareil téléphonique	电话机	*diànhuàjī*	7
appeler (s')	叫	*jiào*	2
appeler (s') de son nom de famille	姓	*xìng*	2
apporter	来	*lái*	12
apprendre	学（习）	*xué(xí)*	14
après	以后	*yǐhòu*	7
après / ensuite	后	*hòu*	12
après-demain	后天	*hòutiān*	5
après-midi	上午	*shàngwǔ*	5
argent	钱	*qián*	9
ascenseur	电梯	*diàntī*	12
Asie	亚洲	*Yàzhōu*	3
au-dessus / sur	上边儿	*shàngbian'r*	12
au nord	北边儿	*běibian'r*	12
au revoir	再见	*zàijiàn*	1
au sud	南边儿	*nánbian'r*	12
aujourd'hui	今天	*jīntiān*	5
aussitôt	马上	*mǎshang*	15
auteur	作者	*zuòzhě*	15
avant	以前	*yǐqián*	5
avant-hier	前天	*qiántiān*	5
avec / au moyen de	用	*yòng*	10
avec / en compagnie de	跟...(一起)	*gēn...(yìqǐ)*	15
avec / et	和...(一起)	*hé...(yìqǐ)*	15
aviateur	飞行员	*fēixíngyuán*	4
avion	飞机	*fēijī*	7
avoir	有	*yǒu*	4/5
avoir cours	上课	*shàng=kè*	5
avoir l'intention de	打算	*dǎsuàn*	12
avoir raison	对	*duì*	7
avril	四月	*sìyuè*	6
baguette	筷子	*kuàizi*	11
banane	香蕉	*xiāngjiāo*	11

français	*chinois*	*pinyin*	*leçon*
battre / frapper	打	*dǎ*	14
beau / être beau	好看	*hǎokàn*	11
Berlin	柏林	*Bólín*	3
bibliothèque	图书馆	*túshūguǎn*	10
bicyclette	自行车	*zìxíngchē*	7
bien / être bien	好	*hǎo*	1
bien aimer	喜欢	*xǐhuān*	12
bien sûr	当然	*dāngrán*	9
billet	票	*piào*	9
blanc	白	*bái*	11
bon / être bon	好	*hǎo*	1
bon à boire / être bon à boire	好喝	*hǎohē*	11
bon à manger / être bon à manger	好吃	*hǎochī*	11
bon marché / être bon marché	便宜	*piányì*	7
bouteille	瓶子	*píngzi*	11
briquet	打火机	*dǎhuǒjī*	7
bureau (administration)	办公室	*bàngōngshì*	13
bureau (salle de lecture)	书房	*shūfáng*	13
café	咖啡馆	*kāfēiguǎn*	10
cahier	本子	*běnzi*	9
calligraphie	书法	*shūfǎ*	14
camarade	同志	*tóngzhì*	10
camarade de classe	同学	*tóngxué*	10
canard laqué	烤鸭	*kǎoyā*	10
capacité	能力	*nénglì*	15
capacité	本事	*běnshi*	15
caractère chinois	汉字	*hànzì*	14
carte / menu	菜单	*càidān*	12
ce – ci	这	*zhè*	9
ce – là	那	*nà / nèi*	9
cent	百	*bǎi*	5
centre de recherche	研究所	*yánjiūsuǒ*	13
cette année	今年	*jīnnián*	6
chambre à coucher	卧室	*wòshì*	13
chanter	唱歌	*chàng=gē*	10
chaud / avoir chaud / être chaud	热	*rè*	1
chauffeur	司机	*sījī*	4
cher / être cher	贵	*guì*	7

français	*chinois*	*pinyin*	*leçon*
chercher	找	*zhǎo*	14
cheval	马	*mǎ*	1
Chine	中国	*Zhōngguó*	3
Chinois(e)	中国人	*Zhōngguórén*	3
chinois	中文	*zhōngwén*	14
chinois (oral)	汉语	*hànyǔ*	11
cinq	五	*wǔ*	5
Cité interdite	故宫	*Gùgōng*	9
coca cola	可口可乐	*kěkǒu kělè*	11
collègue	同事	*tóngshì*	10
combien (>10)?	多少？	*duōshǎo ?*	9
combien (<10) ?	几？	*jǐ ?*	6
comme-ci comme-ça	马马虎虎	*mǎmǎhūhu*	1
comment ?	怎么？	*zěnme ?*	9
comment ?	怎么样？	*zěnmeyàng ?*	1
compétence	能力	*nénglì*	15
compter (faire quelque chose)	打算	*dǎsuàn*	12
cours	课	*kè*	5
cours (avoir)	上课	*shàng=kè*	5
couteau	刀子	*dāozi*	10
croire (que)	以为	*yǐwéi*	12
cuillère	勺子	*sháozi*	10
cuisine	厨房	*chúfáng*	13
cul-sec!	干杯!	*gānbēi!*	15
d'abord	先	*xiān*	12
dans	在	*zài*	9
dans / à l'intérieur	里	*lǐ*	9
dans / à l'intérieur	里边儿	*lǐbian'r*	12
dans deux ans / années	后年	*hòunián*	6
décembre	十二月	*shí'èryuè*	6
demain	明天	*míngtiān*	5
demi	半	*bàn*	7
déranger	麻烦	*máfàn*	14
derrière	后边儿	*hòubian'r*	12
descendre de bus	下车	*xià=chē*	9
dessert	点心	*diǎnxīn*	10
détester	恨	*hěn*	12

français	*chinois*	*pinyin*	*leçon*
deux	二	*èr*	5 / 7
deux	两	*liǎng*	5 / 7
devant	前边儿	*qiánbian'r*	12
dimanche	星期日	*xīngqīrì*	5
dimanche	星期天	*xīngqītiān*	5
dîner	晚饭	*wǎnfàn*	15
directeur d'usine	厂长	*chǎngzhǎng*	4
dispensaire	诊所	*zhěnsuǒ*	13
distraire (se)	玩儿	*wán'r*	7
dix	十	*shí*	5
dix mille	万	*wàn*	5
droite	右边儿	*yòubian'r*	12
eau	水	*shuǐ*	11
eau bouillante	开水	*kāishuǐ*	11
eau fraîche	凉开水	*liángkāishuǐ*	11
eau courante	自来水	*zìláishuǐ*	11
école primaire	小学	*xiǎoxué*	7
écolier	小学生	*xiǎoxuéshēng*	4
écouter	听	*tīng*	9
écrire	写字	*xiě=zì*	14
également (adverbe d'égalité)	也	*yě*	2
également (à la fois ... à la fois)	又 . . . 又	*yòu ... yòu*	13
élève	学生	*xuésheng*	4
elle	她	*tā*	1
elles	她们	*tāmen*	1
éloigné / loin	远	*yuǎn*	13
empaqueter / faire (raviolis)	包	*bāo*	10
employé(e)	职员	*zhíyuán*	4
en avion	坐飞机	*zuò fēijī*	13
en bateau	坐船	*zuò chuán*	13
en colère / être en colère	生气	*shēng=qì*	14
en dessous / sous	下边儿	*xiàbian'r*	12
en train	坐火车	*zuò huǒchē*	13
en voiture	坐车	*zuò chē*	13
encore	还是	*háishì*	9
encore	还	*hái*	13
énergie (physique)	能量	*néngliàng*	15
enfant	孩子	*háizi*	13

français	*chinois*	*pinyin*	*leçon*
ensemble	一 起	*yìqǐ*	15
ensuite / alors	后	*hòu*	12
entrer	进	*jìn*	12
épouse / époux	爱 人	*àirén*	15
escalier	楼 梯	*lóutī*	12
Espagne	西 班 牙	*Xībānyá*	3
Espagnol(e)	西 班 牙 人	*Xībānyárén*	3
espagnol	西 班 牙 文	*xībānyáwén*	14
espagnol (oral)	西 班 牙 语	*xībānyáyǔ*	11
espérer (que)	希 望	*xīwàng*	12
esprit / mentalité	精 神	*jīngshén*	15
est	东 边 儿	*dōngbian'r*	12
est	东 部	*dōngbù*	12
est / orient	东 方	*dōngfāng*	12
estimer	以 为	*yǐwéi*	12
estimer (que)	认 为	*rènwéi*	12
et ? (particule semi-interrogative)	呢 ?	*ne ?*	1
et / avec	和	*hé*	15
Etats-Unis	美 国	*Měiguó*	3
être	是	*shì*	3
être / faire le métier de	当	*dāng*	15
être possible / pouvoir	可 以	*kěyǐ*	9
étudiant	大 学 生	*dàxuéshēng*	4
Europe	欧 洲	*Ōuzhōu*	3
exact	对	*duì*	6
extrêmement	非 常	*fēicháng*	2
faire	作	*zuò*	4
faire le métier de / être	当	*dāng*	15
famille	家	*jiā*	7
faux	坏	*huài*	1
femme	女 人	*nǚrén*	13
femme / épouse	爱 人	*àirén*	15
fenêtre	窗 户	*chuānghu*	12
février	二 月	*éryuè*	6
fille	女 儿	*nǚ'ér*	13
fille / fillette	女 孩 子	*nǚháizi*	13
fils	儿 子	*érzi*	13
fleuve	河	*hé*	12

français	*chinois*	*pinyin*	*leçon*
fois	遍	*biàn*	9
force	力量	*lìliàng*	15
fourchette	叉子	*chāzi*	10
Français(e)	法国人	*Fǎguórén*	3
français	法文	*fǎwén*	14
français (oral)	法语	*fǎyǔ*	11
France	法国	*Fǎguó*	3
frapper (à la porte)	敲	*qiāo*	14
frapper / battre	打	*dǎ*	14
frère (grand)	哥哥	*gēge*	4
frère (petit)	弟弟	*dìdi*	4
froid / avoir froid / être froid	冷	*lěng*	1
fruit	水果	*shuǐguǒ*	11
fumer	抽烟	*chōu=yān*	12
garçon / garçonnet	男孩子	*nánháizi*	13
gare	火车站	*huǒchēzhàn*	9
gauche	左边儿	*zuǒbian'r*	12
grand / être grand	大	*dà*	7
grand mère maternelle	姥姥	*lǎolao*	4
grand mère paternelle	奶奶	*nǎinai*	4
grand père maternel	老爷	*lǎoye*	4
grand père paternel	爷爷	*yéye*	4
gratte-ciel	摩天大楼	*mótiāndàlóu*	13
Guangdong	广东	*Guǎngdōng*	12
Guangxi	广西	*Guǎngxī*	12
habiter	住	*zhù*	10
Hebei	河北	*Héběi*	12
Henan	河南	*Hénán*	12
heure (ponctuelle)	点	*diǎn*	7
heureux	快乐	*kuàile*	6
hier	昨天	*zuótiān*	5
homme	男人	*nánrén*	13
hors de / à l'extérieur	外	*wài*	9
hors de / à l'extérieur	外边儿	*wàibian'r*	12
hôtel	旅馆	*lǚguǎn*	11
Hubei	湖北	*Húběi*	12
huit	八	*bā*	5
ici	这儿	*zhèr*	10

français	*chinois*	*pinyin*	*leçon*
il / lui	他	*tā*	1
il y a deux ans / années	前年	*qiánnián*	6
ils / eux	他们	*tāmen*	1
infirmerie	医务所	*yīwùsuǒ*	13
ingénieur	工程师	*gōngchéngshī*	4
institut	学院	*xuéyuán*	7
intelligent / être intelligent	聪明	*cōngming*	1
Italie	意大利	*Yìdàlì*	3
Italien(ne)	意大利人	*Yìdàlìrén*	3
italien (oral)	意大利语	*yìdàlìyǔ*	11
immeuble	楼房	*lóufáng*	13
invité	客人	*kèrén*	14
inviter	请客	*qǐng=kè*	15
janvier	一月	*yīyuè*	6
Japon	日本	*Rìběn*	3
Japonais(e)	日本人	*Rìběnrén*	3
japonais	日文	*rìwén*	14
japonais (oral)	日语	*rìyǔ*	11
jardin	花园	*huāyuán*	9
jardin public	公园	*gōngyuán*	9
jaune	黄	*huáng*	11
je / moi	我	*wǒ*	1
jeudi	星期四	*xīngqīsī*	5
joli	好看	*hǎokàn*	11
jouer au ballon	打球	*dǎ=qiú*	14
jouer au basket-ball	打篮球	*dǎ lánqiú*	14
jouer au football	踢足球	*tī zúqiú*	14
jouer au ping pong	打乒乓球	*dǎ pīngpāng qiú*	14
jouer au volley-ball	打排球	*dǎ páiqiú*	14
jouer au tennis	打网球	*dǎ wǎngqiú*	14
journal	报	*bào*	9
journaliste	记者	*jìzhě*	4
juillet	七月	*qīyuè*	6
juin	六月	*liùyuè*	6
jus de fruit	汁	*zhī*	11
inaudible	难听	*nántīng*	11
kiosque à journaux	报亭	*bàotíng*	16

français	chinois	pinyin	leçon
là-bas	那 儿	*nàr*	10
lac	湖	*hú*	12
laid	难 看	*nánkàn*	11
lait (de vache)	牛 奶	*niúnǎi*	11
langue étrangère	外 文	*wàiwén*	14
laver	洗	*xǐ*	13
le plus ...	最	*zuì*	9
lecteur	读 者	*dúzhě*	15
léger / être léger	轻	*qīng*	7
légume	菜	*cài*	10
lent / être lent	慢	*màn*	7
limonade	汽 水	*qìshuǐ*	11
lire	看 书	*kàn=shū*	11
Lisbonne	里 斯 本	*Lǐsīběn*	3
loin / éloigné	远	*yuǎn*	13
Londres	伦 敦	*Lúndūn*	3
lourd / être lourd	重	*zhòng*	7
lundi	星 期 一	*xīngqī'yī*	5
lycée	中 学	*zhōngxué*	7
lycéen	中 学 生	*zhōngxuéshēng*	4
Madrid	马 德 里	*Mǎdélǐ*	3
mai	五 月	*wǔyuè*	6
main	手	*shǒu*	13
maintenant	现 在	*xiànzài*	7
mais	可 是	*kěshì*	14
maison / famille	家	*jiā*	7
maison	房 子	*fángzi*	13
maison d'édition	书 局	*shūjú*	15
maison de thé	茶 馆	*cháguǎn*	11
maison traditionnelle chinoise	平 房	*píngfáng*	13
mal	坏	*huài*	1
maman	妈 妈	*māma*	4
mandarine	桔 子	*júzi*	11
manger	吃 饭	*chī=fàn*	5
manière (façon) de penser	想 法	*xiǎngfǎ*	14
manière (façon) de voir	看 法	*kànfǎ*	14
manquer	差	*chà*	7
mao (un 1/10 de yuan)	毛	*máo*	9

français	chinois	pinyin	leçon
marché	市 场	*shìchǎng*	9
marcher	走	*zǒu*	9 / 13
mardi	星 期 二	*xīngqī'èr*	5
mari / époux	爱 人	*àirén*	15
mars	三 月	*sānyuè*	6
matin	上 午	*shàngwǔ*	5
matin (tôt le)	早 上	*zǎoshang*	5
mauvais / être mauvais	坏	*huài*	1
méchant / être méchant	坏	*huài*	1
médecin	大 夫	*dàifu*	4
mémoire	记 忆 力	*jìyìlì*	15
mentalité / esprit	精 神	*jīngshén*	15
menu / carte	菜 单	*càidān*	12
merci	谢 谢	*xièxie*	1
mercredi	星 期 三	*xīngqīsān*	5
mère	母 亲	*mǔqin*	10
mesquin / être mesquin	小 气	*xiǎoqi*	14
méthode (de faire)	办 法	*bànfǎ*	14
midi	中 午	*zhōngwǔ*	5
midi / sud	南 方	*nánfáng*	12
mille	千	*qiān*	5
minute	分	*fēn*	7
moins	差	*chà*	7
mois	月	*yuè*	6
moment	时 候	*shíhou*	13
monsieur	先 生	*xiānsheng*	14
montagne	山	*shān*	12
monter à califourchon	骑	*qí*	9
montre	表	*biǎo*	7
Moscou	莫 斯 科	*Mòsīkē*	3
mur	墙	*qiáng*	12
musée	博 物 馆	*bówùguǎn*	11
nager	游 泳	*yóuyǒng*	11
n'est-ce pas ?	是 吗 ?	*shì ma ?*	9
ne ... pas	不	*bù*	2
ne ... pas (négation de)	没	*méi*	5
(ne pas être possible)	不能	*bù néng*	9
neuf	九	*jiǔ*	5

français	*chinois*	*pinyin*	*leçon*
neuf / nouveau	新	*xīn*	13
niveau (sens propre et figuré)	水平	*shuǐpíng*	12
nom	名字	*míngzi*	2
nombreux / être nombreux	多	*duō*	4
non	不	*bù*	2
nord	北边儿	*běibian'r*	12
nord	北部	*běibù*	12
nord	北方	*běifāng*	12
nord-ouest	西北	*xīběi*	12
nous	我们	*wǒmen*	1
nouveau / être nouveau	新	*xīn*	7 / 13
nouvellement	新	*xīn*	13
novembre	十一月	*shí'yīyuè*	6
nuit	夜里	*yèli*	5
numéro	号	*hào*	6
occasion	机会	*jīhuì*	11
occident / ouest	西方	*xīfāng*	12
occupé	忙	*máng*	1
Océanie	大洋洲	*Dàyángzhōu*	3
octobre	十月	*shíyuè*	6
oh ! (réalisation)	哦！	*ò !*	7
ordinateur	电脑	*diànnǎo*	7
orient / est	东方	*dōngfāng*	12
où ?	哪儿？	*nǎr*	10
ouest	西边儿	*xībian'r*	12
ouest	西部	*xībù*	12
ouest / occident	西方	*xīfāng*	12
ouvrier	工人	*gōngrén*	4
pagode	塔	*tǎ*	13
Panda	熊猫	*xiōngmáo*	
papa	爸爸	*bàba*	4
par rapport à / d'ici ...à	离	*lí*	13
parents	父母	*fùmǔ*	10
Paris	巴黎	*Bālí*	3
parler	说话	*shuō=huà*	11
passer	过	*guò*	7
patronyme	姓	*xìng*	2
pays	国家	*guójiā*	15

français	chinois	pinyin	leçon
paysan	农民	*nóngmín*	4
Pékin	北京	*Běijīng*	3
penser	想	*xiǎng*	12
penser (que)	以为	*yǐwéi*	12
père	父亲	*fùqin*	10
petit / être petit	小	*xiǎo*	7
petit ami	男朋友	*nánpéngyou*	10
petit fils (côté fils)	孙子	*sūnzi*	13
petit fils (côté fille)	外孙子	*wàisūnzi*	13
petite amie	女朋友	*nǚpéngyou*	10
petite fille (côté fils)	孙女	*sūnnü*	13
petite fille (côté fille)	外孙女	*wàisūnnǚ*	13
petit pain cuit à la vapeur	馒头	*mántou*	10
petit pain farci cuit à la vapeur	包子	*bāozi*	10
peu nombreux	少	*shǎo*	11
pièce	房间	*fángjiān*	13
pinceau	毛笔	*máobǐ*	9
place	广场	*guǎngchǎng*	9
place (assise)	座位	*zuòwèi*	12
plats	菜	*cài*	10
poisson	鱼	*yú*	10
pomme	苹果	*píngguǒ*	11
porc sucré	古老肉	*gǔlǎoròu*	10
porte	门	*mén*	9
porte de service	后门	*hòumén*	12
porte principale	大门	*dàmén*	12
Porte de la Paix Céleste	天安门	*Tiān'ān mén*	9
portion (de)	份	*fèn*	12
Portugais(e)	葡萄牙人	*Pútaoyárén*	3
Portugal	葡萄牙	*Pútaoyá*	3
pouvoir / être possible	可以	*kěyǐ*	9
pouvoir	能	*néng*	9
prendre le bus	上车	*shàng=chē*	9
prendre un moyen de locomotion	坐	*zuò*	9
prénom	名字	*míngzi*	2
prier de ...	请	*qǐng*	9
printemps	春	*chūn*	10
proche	近	*jìn*	13

français	*chinois*	*pinyin*	*leçon*
professeur	老 师	*lǎoshī*	4
quand...	...的时候	*...de shíhou*	13
quand ?	什么时候 ?	*shénme shíhou?*	
Quart d'heure	刻	*kè*	4
quatre	四	*sì*	5
quel / quelle ?	什 么 ?	*shénme ?*	2
quel / quelle ?	哪 ?	*nǎ / něi?*	9
quel prix ?	多 少 钱 ?	*duōshǎo qián ?*	9
qui ?	谁 ?	*shéi ?*	4
quoi ?	什 么 ?	*shénme ?*	2
raisin	葡 萄	*pútao*	11
rapide / être rapide	快	*kuài*	7
ravioli	饺 子	*jiǎozi*	10
se rencontrer	见面	*jiàn=miàn*	15
rédacteur	编 者	*biànzhě*	15
regarder	看	*kàn*	9
se reposer	休 息	*xiūxī*	5
ressembler (à)	像	*xiàng*	11
restaurant	饭 馆	*fànguǎn*	11
retourner	回	*huì*	15
réunion	会	*huì*	5
roman	小 说	*xiǎoshuō*	9
Rome	罗 马	*Luómǎ*	3
rouge	红	*hóng*	11
rouleau	卷 儿	*juǎn'r*	10
rouleau de printemps	春 卷 儿	*chūnjuǎn'r*	10
route	路	*lù*	13
Russe	俄 罗 斯 人	*Éluòsīrén*	3
russe	俄 文	*éwén*	14
russe (oral)	俄 语	*éyǔ*	11
Russie	俄 罗 斯	*Éluósī*	3
s'asseoir	坐	*zuò*	9
salle à manger	饭 厅	*fàntīng*	13
salle d'attente / salle de repos	休 息 室	*xiūxīshī*	13
salle de bain	浴 室	*yùshì*	13
salle de classe	教 室	*jiàoshì*	13
salle de lecture (bureau)	书 房	*shūfáng*	13
salle de restaurant	餐 厅	*cāntīng*	13

français	*chinois*	*pinyin*	*leçon*
salle de travail (bureau)	书房	*shūfáng*	13
salon	客厅	*kètīng*	13
samedi	星期六	*xīngqīliù*	5
santé	健康	*jiànkàng*	15
savant	学者	*xuézhě*	15
savoir	会	*huì*	11
savoir	知道	*zhīdao*	11
semaine	星期	*xīngqī*	5
sept	七	*qī*	5
septembre	七月	*qīyuè*	6
serveur / serveuse	服务员	*fúwùyuán*	4
se servir de	用	*yòng*	11
Shandong	山东	*Shāndōng*	12
Shanxi	山西	*Shānxī*	12
s'il vous plaît	请问	*qǐngwèn*	9
six	六	*liù*	5
soda	桔子水	*júzishuǐ*	11
soeur (grande)	姐姐	*jiějie*	4
soeur (petite)	妹妹	*mèimei*	4
soi-même	自己	*zìjǐ*	15
soir	晚上	*wǎnshang*	5
sortir de cours	下课	*xià=kè*	7
sortir du travail	下班	*xià=bān*	15
souhaiter	祝	*zhù*	6
sous / en dessous	下	*xià*	9
sous / en dessous	下边儿	*xiàbian'r*	12
souvent	常常	*chángcháng*	11
stade couvert	体育馆	*tǐyùguǎn*	11
station de bus	车站	*chēzhàn*	9
sud	南边儿	*nánbian'r*	12
sud	南部	*nánbù*	12
sud / midi	南方	*nánfāng*	12
sud-est	东南	*dōngnán*	12
sur	上	*shàng*	9
sur / au-dessus	上边儿	*shàngbian'r*	12
taper un texte	打字	*dǎ=zì*	14
télégraphier	打电报	*dǎ diànbào*	14
téléphoner	打电话	*dǎ diànhuà*	14

français	chinois	pinyin	leçon
téléviseur	电视机	diànshìjī	7
temps (météo)	天气	tiānqì	13
thé	茶	chá	11
Tokyo	东京	Dōngjīng	3
Tour Eiffel	艾菲儿铁塔	Àifēi'ěr Tiětǎ	13
tous = en totalité	都	dōu	2
traducteur	翻译	fānyì	15
traduire	翻译	fānyì	15
train	火车	huǒchē	7
travail	工作	gōngzuò	4
travailler	工作	gōngzuò	4
travailleur	工作者	gōngzuòzhě	15
très (adverbe d'affirmation)	很	hěn	1
trois	三	sān	5
trouver (que)	觉得	juéde	12
se trouver	在	zài	12
tu / toi	你	nǐ	1
tuer	杀	shā	14
un	一	yī	5
un moment	一会儿	yí-huì'r	15
un peu (v. a. + ~) " " (partitif)	一点儿 "	yì-diǎn'r "	7 10
université	大学	dàxué	7
utiliser	用	yòng	9
valise	行李	xíngli	7
vendre	卖	mài	9
vendredi	星期五	xīngqīwu	5
venir	来	lái	7
verre (pour boire)	杯子	bēizi	11
viande	肉	ròu	5
vieux / être vieux (objet)	旧	jiù	7
vilain / être vilain	难看	nánkàn	11
vin	酒	jiǔ	11
se voir	见面	jiàn=miàn	15
voiture	汽车	qìchē	7
vouloir	要	yào	9
vous	你们	nǐmen	1
vous (politesse)	您	nín	1

français	chinois	pinyin	leçon
vraiment	真	*zhēn*	15
w.c.	厕 所	*cèsuǒ*	13
zéro	零	*líng*	5
zoo	动 物 园	*dòngwùyuán*	9

--==oOo==--

Sources des illustrations

春秋故事
Auteur: Lin Handa 林汉达
Ed.: 中国少年儿童出版社, 1978.

孔子的一生
Auteur: Su Shangyao 苏尚耀
Ed.: 台湾书店
(Dessin extrait de: 孔子圣迹图)

杜十娘
Dessinateur: Wang Guoxin 汪国新
Ed.: 四川人民出版社, 1980.

古人勤学故事
Dessinateurs: Fan Shengfu 范生福 et Zhao Hongben 赵宏本
Ed.: 上海人民美术出版社, 1980.

Légendes et récits historiques de Chine
Auteur: Wei Tang
Ed.: Presses des langues étrangères, 1984.

林则徐 Lin Zexu
Dessinateur: Sheng Yuanlong 盛元龙
Ed.: 上海人民美术出版社, 1995.

司马迁 Sima Qian
Dessinateur: Chen Dongzhi 陈东至
Ed.: 河北人民出版社, 1980.

岁月河山－图说中国历史
Auteur: Mao Peiqi 毛佩琦
Ed.: 上海古籍出版社, 1989.

Wang Xizhi s'exerce à l'écriture *in* "Cao Chong pèse l'éléphant"
Dessinateur: Han Shuo
Ed.: Presse des langues étrangères de Pékin, 1981.

中国历史故事……上古西周
Auteur: Zhu Zhongyu 朱仲玉
Ed.: 中国少年儿童出版社, 1979.

Achevé d'imprimer en décembre 2004
sur les presses de Normandie Roto Impression s.a.s.
à Lonrai (Orne)
N° d'imprimeur : 043145
Dépôt légal : décembre 2004

Imprimé en France